JN194093

セキュリティの心理学

組織・人間・技術のマネジメント

氏田博士・福澤寧子・福田健・越智啓太 著

KAIBUNDO

はじめに

　情報セキュリティの分野では，2000 年頃から心理学とのかかわりの議論が始まった。電気学会では，2012 年度の「情報セキュリティ心理学を利用したIT システム管理技術調査専門委員会」から始まり，現在は「IT システム管理技術向上のためのセキュリティ心理学協同研究委員会」と名前を変えて活動を続けている。情報処理学会では，2011 年度から「情報セキュリティ心理学とトラスト研究会」がスタートし，現在は「セキュリティ心理学とトラスト研究会」と名前を変えて活動を継続している。また心理学会においては，「情報セキュリティ心理学研究会」が上記活動とほぼ並行して実施されている。まだまだ発展途上の学問概念であるため，本書のタイトルは「セキュリティの心理学」とした。

　「セキュリティの心理学」とは，IoT システムのセキュリティを中心としたセキュリティ問題をハードやソフトの技術的な側面だけではなく，人間の心理的な側面からも考察し，システムのセキュリティを総合的に確保することを目的とする学問分野である。本書は，「セキュリティの心理学」の確立と普及を目指し，この分野の現状をまとめたものである。

　情報セキュリティを例にとると，情報資産を CIA（C：機密性，I：完全性，A：可用性）の観点から保護し，安全に保つことを考えているが，これには必ず人間が関係する。セキュリティ問題において人間の行動を考えるとき，攻撃者と防御者に分けて対策を考えることが必要となる。攻撃者は，意志（故意だけでなく，興味本位など）をもって，目的とする情報資産の盗取や破壊（改ざん，消去）を行う。このために攻撃者は，攻撃目標に対して，心理学や行動科学，犯罪心理学などの知見を利用して攻撃し，目的を達する。ただし，攻撃目的は，直接的な目的（情報資産の盗取・破壊）と間接的な目的（最終的な目的

を達成するための情報などを得ること）の場合がある。一方の防御者は，攻撃者が利用したあるいはもっている知見を修得し，そのための防御を考えるだけでなく，情報資産の利用者などに対する教育・訓練などを行うことにより，攻撃者から情報資産を守る方策を考える必要がある。そのため教育・訓練などでは，心理学や行動科学，犯罪心理学などの知見を統合した「セキュリティの心理学」を利用して効果的な対応を行うことを身につけさせることが目標となる。

　本書では，製造業分野，情報通信産業分野などの IoT システムにおける「セキュリティの心理学」の活用性や研究開発の方向性を明確化するために，利用者や不正行為者の心理的，行動的な観点を考慮したセキュリティにかかわる課題と技術を調査・検討した内容を示す。またこれにより，セキュリティの心理学とは何か，また現状の理解の程度などを整理し，IoT システムにかかわる多くの人にセキュリティの心理学の重要性を啓蒙し，その内容を自分の知識として活用できるレベルまで向上させることを目指す。これらの活動により，セキュリティ関係者が技術対策のみでなく心理学的な対策を含めた総合的なセキュリティ対策を講ずることができるように支援することが目標である。

　本書では，人文社会科学的な知見に基づいて，人の心理学的な価値観を考慮したシステム観への対応を試みるものであり，心理学分野の研究者とセキュリティの専門家との以下のような項目に対する議論から，「セキュリティの心理学」の体系化を目標に検討した。

① 　広い概念として安全とセキュリティの関係の明確化
② 　情報セキュリティの実践的な課題の明確化
③ 　認知心理学における人間行動とは
④ 　犯罪心理学の現状の理解
⑤ 　セキュリティの心理学の現状認識の整理

「セキュリティの心理学」は，概念が確立していない発展途上の分野であるので，概念，課題，対策などについて現状の知見を網羅的に収集するとともに

体系的に整理してひとつの書籍としてまとめた。認知心理学や犯罪心理学の知見から活用できる内容，確立した心理学体系から明確にいえることいえないこと，不明確だが想定可能なこと，などの視点で整理している。これを IoT システム系，情報セキュリティ系，心理学系などの人々に発信することにより，議論の輪が広がっていくことを期待している。このため，IoT システムにかかわる人々，またその方向に進む学生を中心として，情報系や心理系の人々にも読んでほしいと考えている。将来的には，IoT セキュリティ関係者が利用できるハンドブックとしてまとめることも考えたい。

　以下，本書の構成を示す。

　まず第 1 部では，セキュリティと心理学の関係性について述べる。二つの章からなり，第 1 章ではより広い概念である安全と多様な意味をもつセキュリティの共通点や相違点などの関係を説明する。次いで第 2 章では，情報セキュリティの人間的側面から課題を整理し，心理学的対策の必要性を述べる。

　第 2 部では，心理学的考察を記す。まず，セキュリティの心理学の導入部として，その基礎となる認知心理学（行動経済学）における人間行動について第 3 章で述べる。また比較的同種の課題を抱えており，歴史のある犯罪心理学からセキュリティと関係性の強い領域について第 4 章で説明する。ここでは，関連する心理学的知見を整理し，セキュリティの心理学への適用について，またその限界などについて記述する。

　第 3 部では，まったく新しい分野である「セキュリティの心理学」の確立に向けて，まず第 5 章ではセキュリティの心理学にかかわる現状と有名な手法について述べる。第 6 章では，犯行者や被害者の特性とその対策とを関連性をもたせながら説明し，将来の方向性を述べる。

目　次

第3部 「セキュリティの心理学」の確立に向けて

第1部

セキュリティと人間

第1章

安全とセキュリティの関係の明確化

　安全とセキュリティの関係について，安全研究の観点から考察し，とくにシステム安全の考え方をセキュリティ分野へも適用する視点から整理する[1] [2]。以下，定義などをまず示すことにより，相違点を明確化する。その後，第3章以降の心理学的な方法論のセキュリティ分野への適用の基礎的知識として，安全分野の人間や安全，リスクの捉え方を参考として示す。

1.1　定義，相違と共通点

1.1.1　セキュリティと情報セキュリティ

　安全とともに議論される概念に，「セキュリティ（security）」がある。セキュリティは社会における人どうしの間に存在する危険（犯罪，社会秩序の破壊，戦争など）に対応した言葉で，安全とは異なる概念である。この違いは，"無人島に1人が漂着した場合には安全問題だけであるが，2人以上の場合はセキュリティ問題も生じる"といったように例えられたりする。

　情報セキュリティは，"情報システムにおける「資産」を各種の「脅威」から保護すること"と定義される。ここでいう「資産」とは，

- ハードウェア資産：処理装置，ネットワークなど
- ソフトウェア資産：データ，プログラムなど
- 人的資産：正社員，派遣社員など

「脅威」とは，

- 意図的脅威：内部者あるいは第三者による盗聴，改ざん，破壊，不正使用
- 偶発的脅威：過失によるデータ破壊・消去，故障・災害による機能損失

である。

　このように，安全は故障や災害，エラーなどの偶発的脅威を対象とするのに対して，セキュリティは意図的な脅威（threat，たとえば，システムまたは組織に損害を与える可能性があるインシデントの潜在的な原因）を対象とするものである。この安全とセキュリティの違いを示したのが，図1.1である。いわゆる国家の安全保障のようなマクロな課題は，マクロなセキュリティと捉えることができる。情報通信やコンピュータ関係の分野では，情報が関係する問題すべてに，情報セキュリティやインターネットセキュリティなどの言葉を当てているようである。図1.1に示したように，公衆の認識においては，偶発的

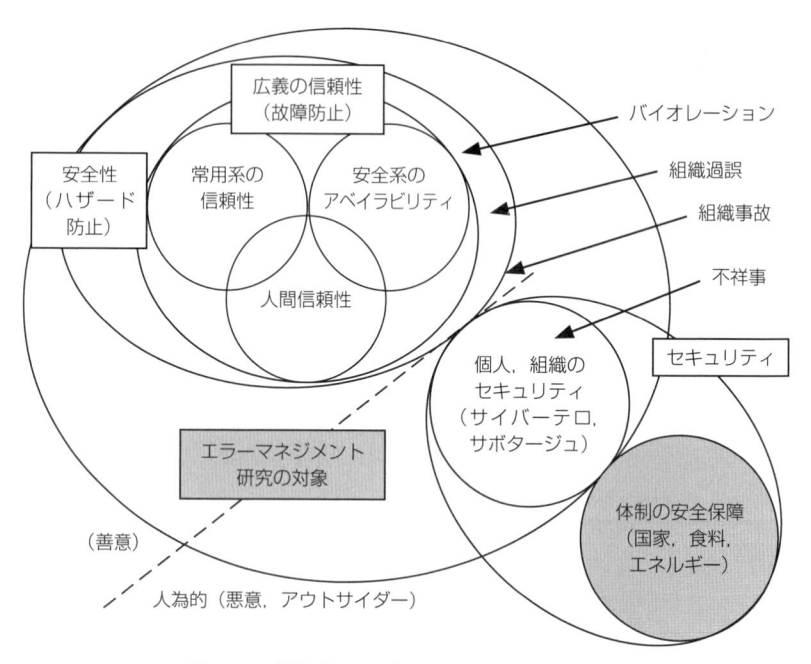

図 1.1　信頼性，安全性，セキュリティの概念

か意図的かは問わずすべて安全の問題であり，その中でとくに意図的脅威の範囲をセキュリティ問題としているのが一般的であるように思われる。そのため，システム安全学はセキュリティも含むことになる。

　これに対して，最近になって，情報セキュリティ分野では，いろいろな意見があるものの，人による意図的な脅威だけでなく，一般的には安全の問題であると思われる故障や災害などによる偶発的脅威の範囲もセキュリティ問題とすべきとの提案がある [3]。しかしながら，問題解決には，安全とセキュリティの概念を明確に区別することが重要である。なぜなら，どちらに属する問題であるかによりその原因となる脅威の特徴が異なり，その適切な対応策も違ったものになるからである。このことを図 1.2 の"金融情報システムの機能停止"という事例で見てみよう。

- 情報システムの機能停止がプログラム不良（偶発的，過失）によるものであれば，これは事故であり，対応策としてソフトウェア信頼性・安全設計／開発，品質検査・管理が挙げられる「情報システムの安全問題」となる。

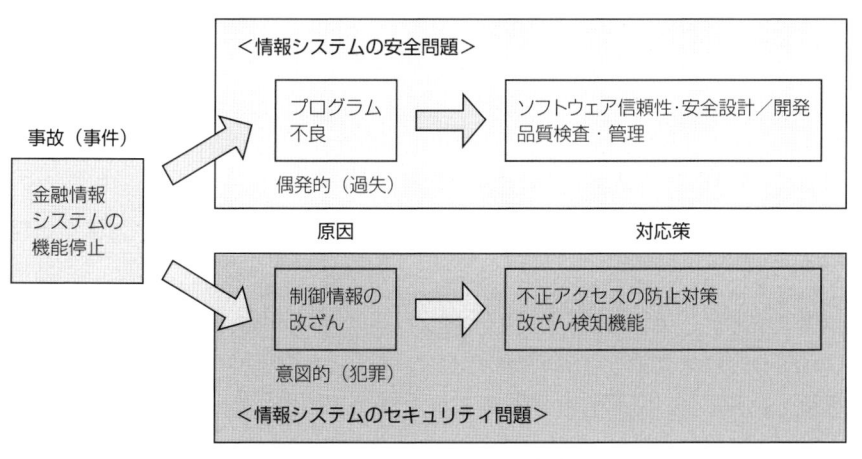

図 1.2　セキュリティと安全

- 情報システムの機能停止が制御情報の改ざん（意図的，犯罪）によるものであれば，これは事件であり，対応策として不正アクセスの防止，改ざん検知機能が挙げられる「情報システムのセキュリティ問題」となる。悪意の行為には，漏洩，盗聴，改ざん，なりすまし，事後否認，暗号の不正使用，不正行為にかかわる情報の通信などがある。

このことから，情報セキュリティ問題も，厳密には，「情報システムの安全問題」，「情報システムのセキュリティ問題」に区別して議論されなければならない。

情報セキュリティ分野に従事する技術者は，もちろん両問題に対する対策を講じるわけであるが，その際に，物理的人工物や人，組織，資源に存在する偶発的な脅威に対する問題（安全の問題）と，社会における人どうしの間に存在する意図的な脅威に対する問題（セキュリティの問題）とを区別して認識し，その対応策を検討することが重要である。

残念ながら，これまで，「安全」と「セキュリティ」との概念の違いが認識されることは極めて少なかったが，2013年3月に（独）情報処理推進機構が発行した「自動車の情報セキュリティへの取り組みガイド」[3]に，攻撃者による悪意ある攻撃から資産を守る「セキュリティ」は，従来の「安全」とは異なった考え方が求められるとして，安全とセキュリティとの区別をみることができる。

1.1.2　制御システムのセキュリティの課題

我々の日常生活は，社会インフラである「社会–技術システム」に深く依存している。「社会–技術システム」には，情報システムと制御システム（制御情報系と制御系）が組み込まれている。これまでは，制御システムは，その目的に合った特別なソフトウェアで動作していたし，インターネットからも切り離されていたので，それがサイバーテロ攻撃を受けることは，予想されていなかった。ところが，最近の制御システムは，ネットワークを介して他の情報シ

ステムと接続されることが多くなっている。ちなみに，経済産業省の調査では，4 割近くの企業で制御系がネットワークなどによって外部と接続している実態が明らかになっている [4]。

　そのため，工場や社会インフラの「制御システム」を狙ったサイバー攻撃の懸念が高まっている。制御システムはさまざまなセキュリティへの脅威（たとえば，情報漏洩や不正アクセスなど）だけではなく，制御目標の変更，運用や操業停止，制御不能状態，事故などの安全への脅威にも直面している。もし制御システムの機能が破壊されることになると，電力，ガス，水道などのライフラインや交通網にとどまらず，生活に重要な物質の生産といったさまざまなシステムも影響を受けてしまう。その影響は計りしれない。ここ数年，電力，ガス，水道，鉄道，交通といった人々の生活を支える重要な社会インフラの制御システムに対するセキュリティの脅威が増大している。これまで閉じられた環境で構築，運用されていたため安全であると信じられてきた制御システムで，多くのセキュリティインシデントが発生している。

1.1.3　制御システムのセキュリティインシデントの事例

　世界の制御システムにおいて発生したインシデント数は 2008 年に 10 件，2009 年は 18 件，2010 年の報告によると，累計数は 196 件に達している。古くは，2001 年，オーストラリアで，下水監視制御システムへの不正侵入があり，浄水装置に異常が発生。2003 年に米国・フロリダ州の鉄道会社の信号システムがウイルスに感染，運行が 6 時間停止した。同じ年に，米国・オハイオ州の Davis Besse 原子力発電所で，制御システムにワーム型不正プログラム，通称「SQL Slammer」が侵入し，一部の安全管理システムや監視システムが約 6 時間の停止に追い込まれた。外部委託会社のパソコンが感染源であった。2010 年には，イランのウラン濃縮施設のすべての遠心分離機の制御システムソフトウェアが，「スタックスネット（Stuxnet）」と呼ぶコンピュータウィルスに入り込まれ制御停止に追い込まれた。2011 年にブラジルの発電所の制御システムが「ダウンアド（DOWNAD）」というワームに感染し，発電所の運転が停止。

復旧には数か月を要し，被害は甚大なものとなった。また，2013 年 8 月，米ラスベガスで開催されたハッカー祭典で，車載システムをハッキングする手法が披露され，トヨタ自動車のプリウスと米フォード社のエスケープを例に，運転中に運転手の意思に反して急加速やブレーキを作動，ハンドルを動かしたなどが発表されている [5] [6]。2014 年 12 月，韓国の原子力発電所のコンピュータシステムが不正に侵入され情報が流出した。まさしく，これらは「制御情報系のセキュリティ問題」である。

　また，通信や鉄道，エネルギー関連の世界約 200 社のうち 80 ％ が自社システム（業務系を含む）への攻撃を経験し，一部は制御系が対象となっているとの調査報告がある [4]。日本でも，制御機器メーカーがそのシステムへのマルウェアの侵入を予告されたことがあった。また，2011 年に，福島第一原子力発電所 1 号機の原子力建屋の立面図（核物質保護上の規制がかかっている）がインターネット上に流出したことがあった。経済産業省が 2011 年に約 330 社を調査したところ，自動車工場や半導体工場などの制御システムがウイルスに感染して操業停止などの被害にあった例が約 10 件あったと報道されている [4]。

　米国ではいま，電力網や天然ガスパイプライン，水道設備といった重要な社会インフラへのサイバー攻撃が急増している。米国土安全保障省は，2013 年 1 月，重要な社会インフラに対して 2012 年に 198 件のサイバー攻撃が確認されたことを明らかにした。これは前年の約 1.5 倍に当たり，しかもいくつかの事例では攻撃を防ぎきれなかったという [7]。

　このような状況にあって，2014 年 2 月に，米ホワイトハウスが，重要インフラのサイバーセキュリティ強化に向けたガイドライン「Cyber Security Framework」を公表している。同ガイドラインには，重要インフラ分野の組織や企業がサイバーリスクに関する理解やコミュニケーション，およびサイバーリスクの管理を向上させるための世界的標準規格などが示されている [8]。

　今後，車–車間や道路–車間の情報通信による運転支援や，自動車の各種車載システムがインターネットを介して外部情報サービス系や監視・制御系に接続

される時代の到来が予想されることから，情報システムのセキュリティに対する脅威ならびに情報システムの安全に対するハザードの同定と対応技術がますます重要になる。情報処理推進機構の「自動車の情報セキュリティへの取組みガイド」にも，自動車システムにおいても，従来のセーフティの機能と，従来の情報システムで得られたセキュリティ対策の知見を組み合わせた形で，対応していくことが重要であると指摘されている。

　さらに，IoT（internet of things，あらゆるモノがインターネットを介して接続され，遠隔計測・監視や制御が可能になるといった概念）が急速に広がり，インターネットやビッグデータを活用する工場やプラントが増えてくると，重要な知財・機密情報の窃取，生産ラインや運転を制御するシステムへの攻撃の危険性が高まるので，情報安全と情報セキュリティをセットで議論し，対応策を十全に講じておくことがますます重要になる。また，医療機器や器具などのワイヤレス化の分野においても同様である。

1.1.4　安全問題とセキュリティ問題の関係

　ここでは，安全問題とセキュリティ問題は基本的に異なるものとの視点から，セキュリティ問題を考える。表 1.1 に，安全問題とセキュリティ問題の関係を整理している。まず安全問題であるが，これはさきに説明したとおり，基本的に対象者は専門家であり，能力があり善意に基づきシステム安全を確保するために尽力することが期待されている。しかし，個人としては長年の安全活動の推移の間に安全意識の劣化が起こり，また組織であれば深層防護の思想に基づく安全設計が十分に実現した場合においては，運用においてたとえ安全に違反することがあったとしても安全性は十分に保たれるためにシステムの安全に対する過信となり，それに依存する深層防護の誤謬が発生し，徐々に安全文化の劣化となり，そしてついには組織事故に至る連鎖が起こってしまうことが課題となっている。この対策としては，安全文化の常時監視が考えられる。

　一方，セキュリティ問題を考えるときには，被害者と加害者では対応がまったく異なるので，この立場に分けて課題と対策を検討する。まず被害者のほ

表 1.1　安全問題とセキュリティ問題の関係

	安全問題	セキュリティ問題 ―被害者	セキュリティ問題 ―被害者	セキュリティ問題 ―加害者	セキュリティ問題 ―加害者
対象者	専門家	専門家	一般ユーザ	外部者	内部者
悪意／善意	善意	善意	善意	悪意	悪意
個人的原因	安全意識の 劣化	セキュリティ意識 の劣化	セキュリティリテ ラシーの欠如	計画的行為 ソーシャルエンジ ニアリング 愉快犯	計画的行為 ソーシャルエンジ ニアリング 欲や恨み
組織的原因	深層防護の 誤謬 安全文化の 劣化 組織事故の 連鎖	深層防護の誤謬 セキュリティ文化 の劣化 セキュリティ事件 の連鎖	セキュリティ文化 の劣化	計画的行為 サイバーテロ	セキュリティ文化 の劣化
対策案	組織文化の 常時監視	セキュリティ文化 の常時監視	セキュリティ教育	環境犯罪学的対処 深層防護の徹底	環境犯罪学的対処 心理学的なセキュ リティ教育 健全な組織（セキュ リティ文化）の維持

うを見ると，セキュリティ問題の特徴は専門家以外に一般の人々も対象として対策を考える必要が生じることである。専門家であれば安全問題と様相はまったく同一であり，安全をセキュリティに置き換えると課題を整理できる。一般ユーザはもちろん専門家と同様の課題も存在するが，それに加えてセキュリティリテラシーの欠如が重要な問題として浮かび上がってくる。対策はセキュリティ教育の徹底であろう。

　最も困難な課題が，加害者からいかにシステムとユーザを守るかである。加害者は外部からの攻撃者（外部者）と内部犯行者（内部者）に分けることができる。いずれにしても悪意をもって計画的に犯行に及ぶのであるから，対策はシステム思想に基づき網羅的かつ合理的に実施することが要求される。内部犯行者に対しては，その原因が欲や恨みであることが多いので，ありきたりでは

あるが健全な組織の維持が大切であろう。外部からの攻撃者には，教育の徹底などの内部対策は使えないため，深層防護の思想に基づく多様なバリアを徹底的に構築することはもちろん，一般ユーザを狙うソーシャルエンジニアリング技術に対抗する社会心理学や犯罪心理学などの心理学的な対策の重要性を十分に認識することが必須である。

1.2　人間の捉え方

システムは，ハードとソフト，言い換えれば設計と運用により構成される。システムの基本性能は設計で決定されるかのように考えられているが，実際のシステムのパフォーマンスや安全性は運用にかかわる人間の特性に大きく依存する。また，「部分最適は全体最悪を生む」といわれるように，安全にシステムを設計し運用するには，対象をシステム思考で，ハードだけでなくソフトも，そして対応する人間，さらには組織や社会との関係まで大きくトータルシステムとして捉えることが望まれる。

1.2.1　ヒューマンエラーとは

伝統的にヒューマンエラーという用語は，運転員や保守員，整備員など現場の最前線で機械システムと直接接する人が事故の直接原因であることを指して使われてきた。そのため，事故は単に注意散漫とか気の緩みといったヒューマンエラーにあるとされ，事故を引き起こしたことへの責任を問われるきらいがあった。

しかしながら，認知心理学の分野でヒューマンエラーの発生メカニズムに関する研究が進み知見が蓄積されるとともに，エラーは異常行動の一種ではなく，エラーを起こすのが人間なのであるということが受け入れられるようになった。過酷な環境や条件下では誰もがエラーを犯すことなどからもわかるように，ヒューマンエラーは人間のもつ本来の特性と環境要因に深く関係するからである。

　近年のヒューマンエラーの研究によって，ヒューマンエラーは偶発的に起きるのではなく，人が置かれた状況の中で必然的に起きるということがわかってきた[9]。このような状況を過誤強制状況（EFC：Error Forcing Context）と呼ぶ。これは，人がヒューマンエラーを犯すのを不可避とさせる状況のことで，人をとりまく環境，行為の条件や前後関係，機械システムとの相互作用など，人の行為を支配する諸因子のことをいう。

　訓練を受けたプロでも，ある状況ではエラーを犯してしまうことからわかるように，EFC が形成されると，それが人の認識や判断に影響を与え，不安全行為を誘発する。このことから，これまでのヒューマンエラーに対する考え方も大幅な変更が迫られるようになった。ヒューマンファクタ（human factor）の専門家は，ヒューマンエラーは事故や災害の原因ではなく，何らかの他の要因の結果であると考える。この意味から，ヒューマンエラーという用語の使用を避ける傾向がある。

　Rasmussen は，エラーという言葉には「罪の匂い」があるので，「人の機能不全」という言葉を使うと記している[10]。また，Hollnagel は，ヒューマンエラーは，「事象の原因を意味することよりは，望ましからざる結果が起き，その原因が多少なりとも人の行為の何らかの側面に求められるような状況を記述する用語」として確立されつつあるとして，原因としてではなく，期待される結果を生まないか，あるいは望ましからざる結果を招く行為として「過誤的行為（erroneous action）」という用語を提案している[11]。

　ヒューマンエラーが，事故の直接原因を指す起因事象という意味で使用されるにとどまる限り，ヒューマンエラーという用語は事故防止にはなんら役立つものではない。ヒューマンエラーは単純な不注意で発生するのではなく，システムや環境に存在する要因と密接に関係するので，システム側や環境側にもエラーを誘発した要因があることが多いからである。ヒューマンエラーの予防策を考慮した機械システム設計を行うには，注意散漫とか気の緩みといった個人の生理的・心理的な側面だけからヒューマンエラーを捉えるのは間違いで，その背後にある人間とシステム，環境との動的な相互作用の観点からヒューマン

エラーを理解することが重要である。

1.2.2　ヒューマンエラーの定義

　これまでに，ヒューマンエラーの概念について多くの説明がなされており，原因と見るか，事象や行為と見るか，あるいは結果と捉えるかなどによってその定義もさまざまである。ここでは，とくに「人間–システム」系の観点に通じる定義のいくつかを述べる[12]。

（1）　活動結果の立場から

　認知心理学者の Reason は，「ヒューマンエラーは，計画されて，実行された一連の人間の精神的あるいは身体的活動が，意図した結果に至らなかったもので，その失敗が他の偶発的事象の介在に原因するものでない全ての場合」と定義している[13]。ここに，精神的活動，身体的活動とあるように，認識や判断（意思決定），ならびに動作や操作の計画・実行の失敗もエラーの一部とされる。

　この定義では，ヒューマンエラーは人の意図あるいは期待に照らしてはじめて定義できることになる。つまり，ある特定の状況に関してエラーとなるかどうかは活動を意図した行為者を含む誰かによる結果判断に依存するということである。いま仮に，間違った意思決定によって操作 A を実行するはずであったが，間違えて意図した正しい結果につながる操作 B の方を実行してしまったとすると，自身が間違いに気づいたとしてもこの場合には結果としてエラーとはならないことになる。

　したがって，まったく同じ行為が，時と場合によってエラーにも普通の行為にもなりえる。すなわち，状況や安全性要求，法的規定などが変わると，それまで受け入れられていた行為が誤った行為となったりする。他にもこれと同義の定義がある。表現は異なっても，それらに共通しているのは，「ヒューマンエラーとは，意図しないあるいは期待から外れた結果を引き起こす人間の行為である」ということである。いずれにしても，これらの定義では，判断の基準を客観的な何かに求めなければならない。

(2) システムパフォーマンスの立場から

「人間–機械システム–環境」系の構成要素である行為者の意図とそれに基づいた行為が，行為者から見て正しくとも，設定された目標，すなわち，系の出力からは適切でないこともありうる。このことから，ヒューマンエラーを，「人間–機械システム」系，あるいは「人間–タスク」系のパフォーマンスの観点から定義するという考え方が出てくる。すなわち，機械システムにトラブルや事故といった望ましくない状態を生じさせ，トータルシステムとしての「人間–機械システム」系のパフォーマンスを阻害する人的要因をヒューマンエラーとするのである。

このような観点に立つ定義もいくつか見られる。

たとえば，Swain らは，「ヒューマンエラーとは，一連の行為にあって，ある許容範囲を超える行為，すなわちシステムによって規定された許容範囲を逸脱する行為」と定義している[14]。要するに，ある人の行為があり，その行為がある決められた範囲から逸脱しているものをヒューマンエラーと呼ぶということである。また，Miller らも，「ヒューマンエラーとは，システムによって定められた許容限界を超える人間の行為の集合の中の任意のひとつの要素である」としている[15]。Sanders らは，「ヒューマンエラーは，効率や安全性やシステムパフォーマンスを阻害する，あるいは阻害する可能性がある不適切または好ましからざる人の決定や行為」であるとしている[16]。

これらの定義には，システムによって定められたパフォーマンスと期待される標準的あるいは規範的行為があらかじめ規定されているという前提がある。すなわち，規範の許容範囲やパフォーマンス基準の水準は，エラーが起きる文脈とその潜在的な重大さに照らして，法律によって，あるいは社会的規範によってある程度明確に決まっている。

規範からの逸脱行為は，上に述べたように，人の心理的・生理的諸特性による行為の変動，ならびに機械システムや環境との相互作用によって支配される。「人間–機械システム–環境」系を構成する要素の中で，人の行為は知覚や運動の限界，環境の複雑さのために変動し精度が落ちる。また，人間は事態の変化

に対して最も柔軟に対処・適応できる特性をもつ一方，行為に悪影響を与える作用に対しては最も弱い要素である。そのため，「人間–機械システム」系は必然的に変動性をもつことになる。しかし，この人の行為の変動性は，ヒューマンエラーと同じものではなく，単に誤りと考えるべきでない。

　したがって，ヒューマンエラーを理解するには，心理的・生理的な側面からだけでは不十分で，「人間–機械システム–環境」系の構成要素である人間と他の要素との間のダイナミックな相互作用を理解しなければならない。

（3）　タスク実行の成否の立場から

　ヒューマンエラーのもうひとつの捉え方は，「人間–タスク」の関係の観点からである。ここでは，ヒューマンエラーは，「人間–機械システム–環境」系の中で，システムの目標や機能，安全を達成するのに，「人が自分に割り当てられたタスクを要求あるいは期待されたように実行しなかったこと」と定義される。ここで，タスクは，システムのある目標を達成するために必要な一連の行為を並べたものである。

　Reason は，事故防止のためのヒューマンエラーのデータ収集に当たっては，「人間–機械システム」系あるいは「人間–タスク」の関係に不整合が起こる状況を説明するデータをその対象とすべきであると主張している[17]。

　以上に述べた定義にあるように，「人間–機械システム–環境」系という観点に立てば，ヒューマンエラーは，「人間自身の諸特性と機械システム，タスク，環境の状況とが上手く合致していないために，これら三者間の動的相互作用の中で結果的に誘発された行為」である。

1.2.3　ヒューマンエラーの分類

　ヒューマンエラーには多様なタイプがあり，タイプごとに有効な防止策は異なる。したがって，ヒューマンエラーを防止する「人間–システム」系の設計には，エラーの防止に結び付くヒューマンエラーの分類が重要になる。以下に，この観点からのヒューマンエラーの分類について述べる。

(1)　エラーを誘発する背後要因の観点から

　Rasmussen は，「人間–システム–環境」系における相互作用を，人間の側での抽象度階層でモデル化している[10]。人間の情報処理を中心として，ボトムアップに身体的，生理的，心理的な影響を環境から受けるとともに，トップダウンで主観的価値あるいは意図が反映される。身体的，生理的，心理的な影響は，人が接するシステム側，ならびに人が置かれる環境側の要因に対する個人的なものであり，主観的な価値形成は組織的・社会的な要因によって影響される。これらの影響が原因となってヒューマンエラーが起こることがある。したがって，エラーを誘発する背後要因は大まかに，個人的要因，環境的要因，組織的・社会的要因に分けることができる。

- 個人的要因：身体的能力の不適合，不十分な知識や能力，作業への意欲の欠如など。
- 環境的要因：不適切な作業環境（照度，騒音，気温など），不適切な作業内容（複雑さ，単調さ，強度，持続時間など），不適切な装置・機器・機械設計（寸法，配置，表示情報など）など。
- 組織的・社会的要因：不適切な作業計画，チェックリストや手順書などの不備，不適切な管理（人員配置，役割分担，管理体制，規則，教育訓練，組織のモラルなど）など。

(2)　行為の観点から

　Watson に代表されるような 1960 ～ 1980 年代前半の行動主義アプローチは，外部から観察可能な，人への刺激とこれに対する反応との関係に関心をおいたもので，刺激を入力，反応を出力とする機械論的アプローチである。「人間–機械システム」系における人間要素の制御行為は，ハードウェア要素と同様に扱われる。この見地では，外から観察して人が行うべき行為の正否を判断できるものとして，ヒューマンエラーを分類する。

　Swain らは，行為の逸脱として，

- オミッションエラー（omission error）：必要な行為を実行しなかった
- コミッションエラー（commission error）：必要な行為と違う行為を実行した
  - ＊ 不必要な行為の実行
  - ＊ 行為の実行順序の間違い
  - ＊ 行為実行のタイミングが不適切
  - ＊ 行為の対象や方向などの選択間違い
  - ＊ 行為の強度や実行時間などが不適切

を挙げている[14]。

　外部から観察・判定できるヒューマンエラーの形態，たとえば，早すぎ，遅すぎといったタイミング，逆転や介入などの順番，知覚対象や操作の選択，作動させる方向などは，エラーモード（error mode）と呼ばれる。

（3）　人間の認知情報処理過程の観点から

　以上に述べた，人間行動の表面的観察からの分類は，行動決定に至ったメカニズムを問うものではないので，ヒューマンエラー予防策についての知見は十分には得られない。ヒューマンエラーの防止策を考える立場からすると，そのエラーが人の認知過程のどこで発生したかをつきとめ，その原因を特定することができなければならない。人の高次精神活動である認知活動は外部から観測不可能なので，それには人の認知過程についてあるモデルを想定し，それに基づいてエラーの発生部分とメカニズムを分類することが必要になる。

（a）行為の 7 段階モデルとエラーの分類

　　人間と機械システムの相互作用を概念的に表したものとして，Normanが提案した「行為の 7 段階モデル」がある[19]。図 1.3 は，それを基にして，「人間–機械システム–環境」系の相互作用を概念的に表現したものである。下半分は機械系を，上半分は人間系を表している。

　　行為には，実行と評価という二つの側面があり，次の 7 段階から構成される。

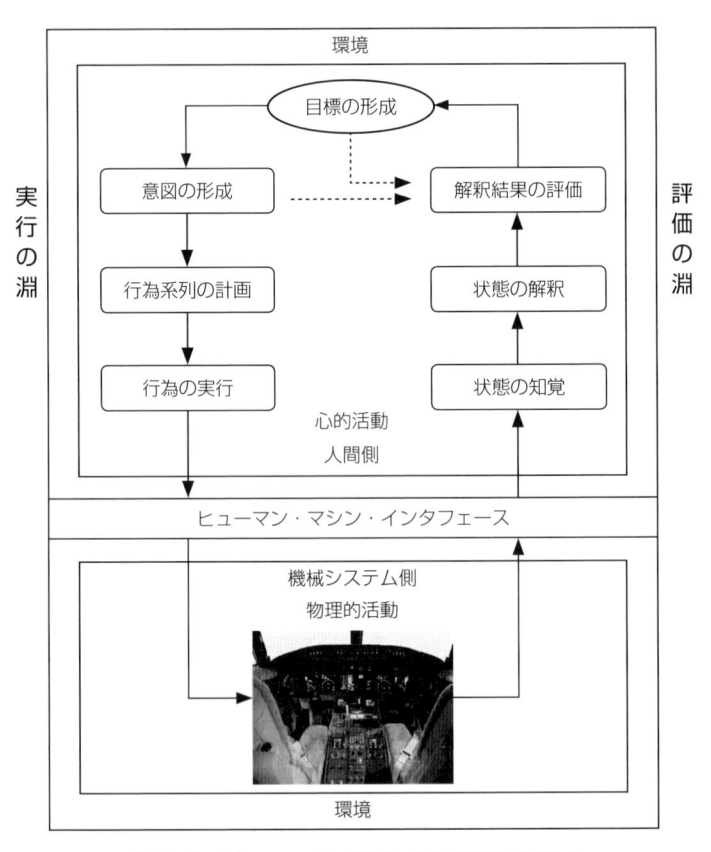

図 1.3 Norman の「行為の 7 段階モデル」

- 実行過程
  - ＊ 目標の形成：達成されるべき状態の形成
  - ＊ 意図の形成：目標を達成するために何か特定の行為を実行しようという意図の形成
  - ＊ 行為系列の計画：意図を実現するために遂行しなければならない一連の行為の計画
  - ＊ 行為の実行：その行為系列を実際に実行

- 評価過程
  * 状態の知覚：機械やシステム，環境の状態の知覚
  * 状態の解釈：知覚された状態の意味を文脈に沿って解釈する
  * 解釈結果の評価：意図と目標に照らして解釈結果を評価する

　実行過程ならびに評価過程のそれぞれにヒューマンエラーが存在することになる。ヒューマンエラーを誘発する源は，実行の淵（gulf of execution），評価の淵（gulf of evaluation）と呼ばれる乖離である。

- 実行の淵（gulf of execution）：人が意図した行為とその機械システムで許されている行為との間の隔たり。
- 評価の淵（gulf of evaluation）：人が作り上げる機械システムの物理的構成や状態に関する心的イメージ（メンタルモデル）ならびに予測・期待した応答と実際のそれらとの間の隔たり。

　これらの淵（隔たり）が広がるほど，ヒューマンエラーが発生しやすくなると考えられる。ここでヒューマンエラー予防策を考える要点は，現実の機械やシステムが物理法則によって支配されているのに対し，人間の高次の精神活動を司る大脳連合野における意思決定（行為系列の決定）では機械やシステムの状態についての心的イメージが操作されることである。
　そこで設計者は，以下の項目について自問し，乖離を埋める工夫をしなければならない。

- 機械やシステムの状態と，それが期待どおりの状態にあるかどうかを知りうるか？
- 採られるべき行為に容易に対応付けうるか？
- その行為を実行することができるか？
- どのような操作が実行可能なのかがわかるか？
- 行為とその結果，操作とその結果の対応関係がわかるか？
- 行為の結果に関するフィードバックがあるか？

(b) 認知階層モデルとエラーの分類

　人間の情報処理活動は，タスクの習熟度の相違によって変化する。したがって，「人間–機械システム」系におけるヒューマンエラーを考えるうえでは，人間行動を認知の抽象度階層に分けて分析するアプローチが重要である。

　そのような人間行動のモデルに，よく知られた Rasmussen の SRK（Skills-Rules-Knowledge level）モデルがある[19]。図 1.4 に示すように，これは人間行動がスキル，ルール，知識の三つの階層レベルの認知活動によって実現されているとしたものである。ヒューマンエラーの防止策を考慮した「人間–機械システム」系の設計を行うには，各レベルでどのようなことが行われ，どのようなエラーが発生するのかを理解しておくことが重要である。

　スキルベースの行動は，繰り返しの訓練によって体で覚えた，感覚運動系の半ば自動的に処理されるパターン的な行為である。この行為は基本的には無意識的に実行されるフィードフォワード制御であるが，フィードバック制

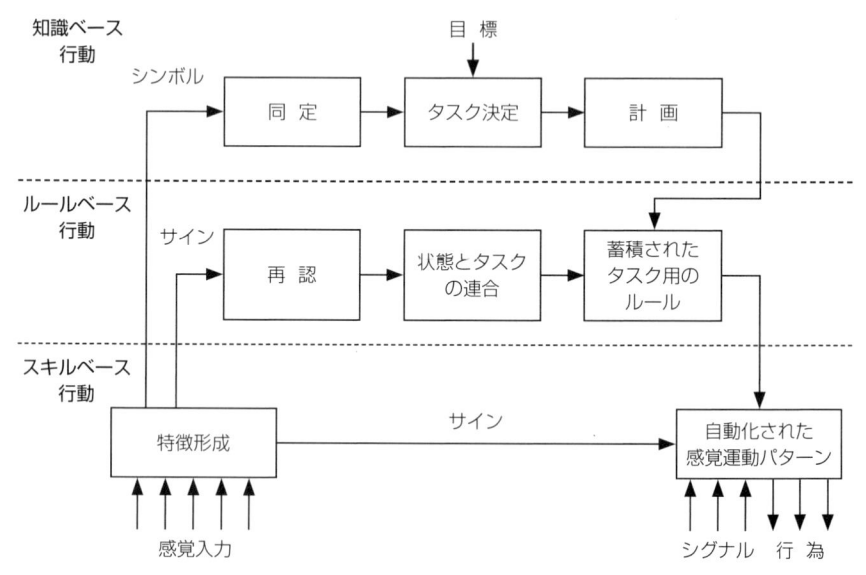

図 1.4　Rasmussen の SRK（Skills-Rules-Knowledge level）モデル

御で実行される場合もある。このレベルの行為は行動スキーマとして捉える
ことができる。行動スキーマとは，体で覚えている一連の動作や情報処理の
手順，関連する知識のまとまりである。通常，それがもつ条件が満足された
ときに実行される。ここでのエラーは本質的な行為の変動によるもので，不
安全行為のスリップ（slip）とラプス（laps）がそれに対応するものと考え
られる。

　Reason は，システムを望ましくない状態に陥れる可能性のある人の行
為を不安全行為と呼び，それに関連付けてヒューマンエラーを分類してい
る [20]。図 1.5 に示したように，不安全行為は意図の有無で大別される。意
図しない不安全行為は，いわゆる「注意の欠如（うっかりミス）」である。
これには，不適切な注意によるスリップと，不適切な記憶によるラプスの 2
種類がある。

- スリップ（slip）：行為の意図は正しいが，実行段階で，意図と異なる
  行為や操作を実行してしまうようなエラー。

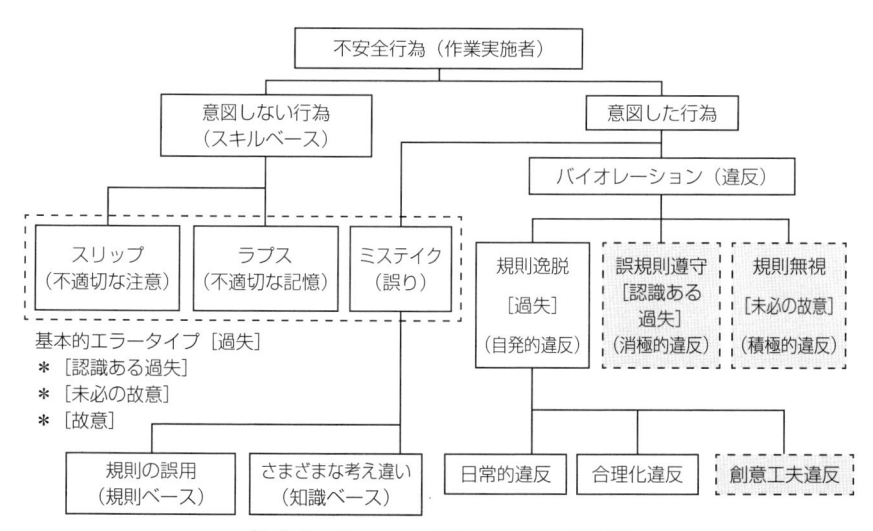

図 1.5　Reason の不安全行為の分類

- ラプス（laps）：行為の意図は正しいが，意図を忘れたり，行為をし忘れたり，省略したりしてしまうようなエラー。

意図的な不安全行為は，違法性の認識の有無で二つに分けられる。意図的ではあるが違法性の認識がなく，結果は失敗であるのがミステイク（mistake）である。一方，意図的で，違法性を承知で，規則や基準から逸脱する行為は規則違反と呼ばれる。

- ミステイク（mistake）：意図的ではあるが違法性の認識がなく，結果は失敗となる，思い込みや思い違い，知識不足など判断そのものにおけるエラー。

スリップ，ラプス，ミステイクの三つが人間の情報処理エラーに起因するヒューマンエラーである。図 1.5 には，Rasmussen の SRK モデル（図 1.4）の各レベルの行為において発生するヒューマンエラーとの対応を記してある。スリップとラプス，すなわち実行段階で意図と異なる行為や操作を実行してしまう，あるいは意図した行為の全体あるいは一部を忘れるというようなエラーは，スキルベースの行為で発生することが多い。一方，ミステイクは，認識や判断（意思決定）といった認知的な活動に誤りがあり，その下に行動してしまうエラーとして，ルールベースや知識ベースのレベルでの行為で起こる。

(c) 人間の情報処理モデルとエラーの分類

1980 年以降の Hull や Skinner，Rasmussen らの新行動主義心理学あるいは認知心理学的アプローチは人間の認知過程を重視するものである。そこには，入力刺激と出力反応を媒介するものとして，媒介変数や内部表象（メンタルモデル）が導入されている。

人間の情報処理過程は，入力過程（知覚，認識（意思決定）），情報の媒介・処理過程（判断（意思決定）），出力過程（行動系列の決定（意思決定）），行為の実行）の三つに大別され，その過程を，感覚器官，脳，運動器官に対

応させて詳細化した認知情報処理モデルがある[22]。入力過程が感覚器官と感覚貯蔵に，媒介・処理過程が短期記憶（作業記憶）と長期記憶に，出力過程が運動制御と運動器官にそれぞれ対応している。

　Reason によると短期記憶（作業記憶）で特徴的なことは，長期記憶からの想起にはまず，「Similarity Matching」によって入力パターンと類似性の高い記憶項目が取り出される[13]。このとき，同程度の類似性を有するものが複数ある場合には，「Frequency Gambling」によって過去の経験回数の多いものが選ばれる。

　この認知情報処理過程は創造の源であると同時にヒューマンエラーの源でもある。この過程のどの部分でヒューマンエラーが起きたかによって，エラーを次のように分類することができる。

- 感覚貯蔵における入力エラー：読み間違い，見間違い，聞き間違いなどの知覚，認識のエラー。しかし，実際の物理的状態と主観との差である錯視や錯覚をヒューマンエラーというのは正しくない。これらは単なる誤差であって，人間の本来の認知特性である。
- 短期記憶（作業記憶）ならびに長期記憶における媒介・処理エラー：記憶違いや記憶の忘却などのラプス，ルールベースと知識ベースのミステイク，意図的な規則違反などの判断，決定のエラー。
- 運動制御・運動器官における出力エラー：未熟な操作などのスリップ，操作や動作のエラー。
- 注意統制における選択的注意エラー：注意の欠如，確認漏れ，油断，注意散漫（distraction）などのエラー。

（4）　情報処理機能不全の観点から

　図 1.6 は，Rasmussen の「人間の機能不全を含む事象の記述と分析のための多面的分類」である[10]。図中の「人間の機能不全の原因」，「行動に影響を与える因子」，「状況因子」は，抽象度階層における心的情報処理に対する機械システムと環境からの影響，すなわちヒューマンエラー誘発要因と見ることが

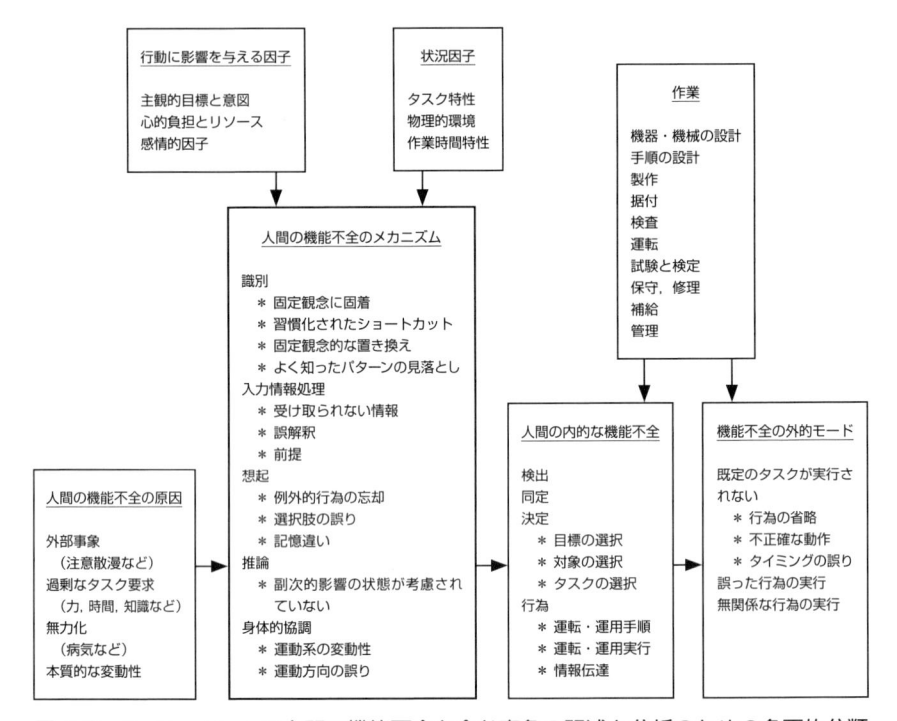

図 1.6　Rasmussen の人間の機能不全を含む事象の記述と分析のための多面的分類

できる。また，「行動に影響を与える因子」と「状況因子」は，それぞれ行動
形成因子（PSF：Performance Shaping Factor）とエラー促進条件（EPC：Error-
Promoting Condition）と同義と解釈できる。行動形成因子は，タスクの複雑さ，
不適切な環境条件，作業者への心理的・生理的ストレスの原因となるストレッ
サーなどの人間行動に影響を与える外的および内的要因である。エラー促進条
件は，人間行動の逸脱を促進することが知られている，タスク，状況および組
織的な要因（無理な運転・運行計画）などを総称したものである。図中の「タ
スク」は，まさに「人間–機械システム」系における，機械側の要因を示した
ものである。

「人間の機能不全のメカニズム」が人間の情報処理過程におけるヒューマン

エラー，「人間の内的な機能不全」，「機能不全の外的モード」のそれぞれが内的，外的な結果としてのヒューマンエラーと解釈できる。「人間の機能不全のメカニズム」，「人間の内的な機能不全」は，情報の媒介・処理過程における判断，意思決定のエラーに対応し，スリップやラプス，ミステイクがみられる。「機能不全の外的モード」は，出力過程における動作遂行時のエラーに対応し，それにはスリップ，ラプス，オミッションエラー，コミッションエラーなどが含まれている。

　さらに，Rasmussen は，「人間の内的な機能不全」の部分を詳細にモデル化した「意思決定の梯子モデル」を提案している[10]。これは，プロセスプラントの運転員の意思決定を表したモデルであるが，広く「人間–機械システム」系の設計，自動化されたシステムにおける人間と機械とのかかわり合いの検討にも適用できる。

　このモデルにおける意思決定のステップは，検出，観測，同定，解釈，評価，目標選択，タスク選択，手順計画，実行から成っている。検出，観測，手順計画，実行はスキルベースの行為，同定とタスク選択はルールベースの行為，解釈，評価，目標選択は知識ベースの行為に相当するものと解釈できる。したがって，「意思決定の梯子モデル」には，スキルベースのエラーモード，ルールベースのエラーモード，知識ベースのエラーモードが考慮されていることになる。

1.2.4　新しいタイプの失敗

　最近の機械やシステムにはコンピュータが導入されているので，機械やシステムを使う人間オペレータ（操作員や運転員，操縦者）が行う情報処理と機械システムでの情報処理は，図 1.7 に示すように，それぞれ独立に独自のルールやアルゴリズムにしたがって行われる[23]。航空機や原子力プラントなどに見られるように，コンピュータによる情報処理系をサブシステムにもつ大規模で複雑なシステムでは，人間が感知しない形で自動制御が行われるので，人間オペレータにとってシステム内部で何が起きているのかがわかりにくい，透明感

の乏しいシステムが形成されることになった[24]。

これらの機械やシステムでは，人間オペレータが実行するタスクと機械やシステムが実際に実行するタスクとは大きく異なることになり，両者の間に物理的な乖離と認知的な乖離が生まれることになった。さらに，遠隔操縦の監視・探査機や作業ロボットでは，これらに加えて，時間的・空間的な隔たりも存在している。物理的な乖離は，人間オペレータと機械システムが実行するタスクとの間に，情報処理系が重層構造をなし

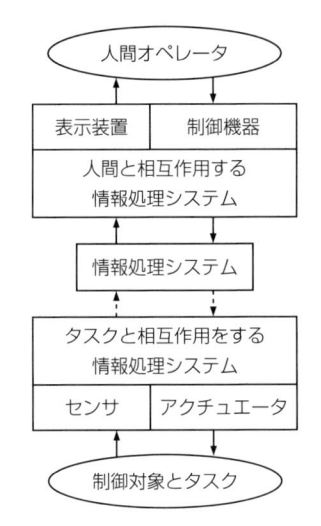

図1.7　Sheridan の人間オペレータとシステムの情報処理

て介在していること，時間的・空間的な隔たりがあることから，人間と機械のかかわり合いが間接的になっていることである。認知的な乖離は，膨大な情報変換過程の介在により，人間オペレータの行為（心的世界）と，それに対する機械システムの挙動（物理的世界）との間に同型性がなくなり，互いに対応が付きにくくなっていることである。

こうした変化は，人間オペレータの役割を操作・操縦（control）から監視制御（supervisory control）に変えた。すなわち，人間オペレータは手足などの運動機能を使うよりも，診断，推論，記憶，計画，意思決定，評価といった認知機能を十分に働かせて機械やシステムとかかわることとなった。

これらの特徴は，これまでのヒューマン・マシン・インタフェースの問題とは異質の問題を発生させることになった。それは，人間オペレータが機械やシステムに備わった機能を十分に使いこなせず，機械やシステムを使う目的を果たせないという問題である。すなわち，人間オペレータと機械システムとの協調が上手くとれない問題である。

　また，自動化システムに対する過信（over-trust）や不信（distrust），過度な依存（reliance），過適応（over-adaptation），自動化の驚き（automation surprise）といった失敗の誘発につながる負の副作用の存在も指摘されている。

　このような問題は，単に自動化・自律化技術の高機能化を目指すだけでは解決できるものではない。それには，人間オペレータとシステムとの間の乖離を埋め，人間オペレータと機械システムが協働／共生行為を果たす「人間-システム」系を実現するための知的支援技術とヒューマン・マシン・インタフェースの新しい設計原理や設計方法の確立が望まれる。

　以上から明らかなように，ヒューマンエラーの発生抑止には，行動形成因子ならびにエラー促進条件の改善，身体的特性への適合，人間の情報処理過程におけるヒューマンエラー防止策のすべてを考慮したシステム設計を行うことが肝要となる。なかんずく，ヒューマンエラーが事故に拡大するのを防ぐには，次節に述べる深層防護の思想に基づく安全バリアを備えたシステム設計が必須である。

1.3　安全の課題

1.3.1　技術システムと事故の様相の変化

　技術システムにおいて，技術の巨大化・複雑化と高度化に伴い，安全・セキュリティ問題がハードウェアから人間そして組織の問題へと，しだいに社会化する現象があらゆる技術分野で発生している。安全の達成のために，人々の価値観・倫理観や行動様式（安全文化）だけでなく，社会的受容や事故の社会・環境への影響も，考慮することが不可欠になりつつある。リスクを含まない科学技術はないが，リスクを上回る効用があるからこそこれまで受け入れられてきたこともまた事実である[25] [26]。

　図 1.8 に示すように，プラントシステムが現代ほど複雑でなかった時代には，技術の欠陥が問題の発生源であり，技術的対応によって事故を防止できると考えられていた。システムがより複雑になるにつれて，それを操作する人間の能

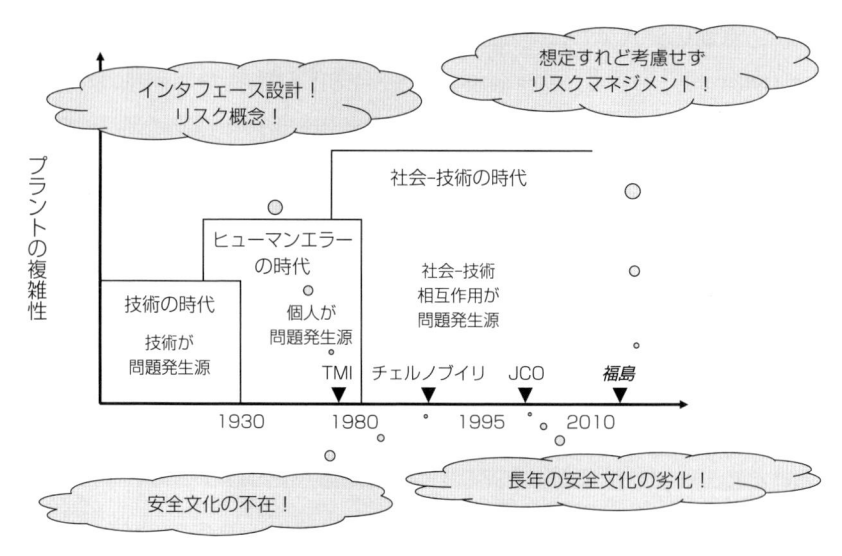

図 1.8　安全問題のスコープの広がり

力限界に突き当たるようになり，ヒューマンエラーによる事故が起きるように
なった。その典型が 1979 年にスリーマイル島（TMI）原子力発電所で起きた
事故である。このため，エラーを犯す個人が問題の発生源と考えられ，要員の
適切な選抜と訓練によって要員の能力向上を図り，またインタフェース設計を
適切に行うことがエラー防止に有効と考えられるようになった。

　その後，技術，人間，社会，管理，組織などの多様な要素の複雑な相互関係
による事故が発生するようになり，次に問題となったのが社会と技術の相互作
用である。さらには，プラントや企業の内部だけでなく，外部の関係者や組織
との関係不全が問題の発生源である事故が目立つようになり，組織間関係も含
めた包括的問題解決の枠組みが必要になってきた。事故の形態が，複合要因に
より発生しその影響が社会的規模に至る，いわゆる組織事故が最近の事故の特
徴である[20]。

　1986 年のチェルノブイリ原子力発電所の爆発・放射能汚染事故は，社会と
技術の相互作用の時代に発生したものであるが，不全な組織間関係により安

全文化が劣化するという特徴も備えた新しいタイプの事故の前兆である[20]。1999 年に日本で発生した JCO 臨界事故は，安全文化の劣化による組織事故の典型である。そして 2011 年 3 月 11 日，大規模天災が引き金とはいいながら，安全文化の劣化により事故の想定を誤り大規模な事故に至った福島第一原子力発電所事故は，日本の原子力の安全神話を根底から崩してしまった。

　以下，事故とヒューマンエラーの関係の捉え方を整理してみる。

1.3.2　人的・組織的要因の考慮

　いわゆるオミッション，コミッションなどのヒューマンエラーの分類は存在するが，じつはエラーであるか否かの判断は視点により大きく異なる。

（1）　安全と品質保証，性能，経済性

　安全と品質保証はよく似ているようにみえるが，必ずしも同じではない。品質保証とは，基本的には物の性能を良くすることであり，通常は性能が上がれば信頼性も安全性も上がるが，そうならない場合もある。信頼性には，システムの信頼性（常用系の信頼性），システムが壊れた際のバックアップシステムの信頼性（安全系のアベイラビリティ），システムを動かす人間の信頼性という 3 つが絡んでくるが，システム信頼性への影響は人間信頼性が最も大きい。

　一般に，システムの信頼性について品質保証を実施し，さらに性能を上げれば，経済性も上がることから，多くの場合，企業はこの部分に傾注する。しかし，これに偏ると，安全性が弱くなってしまう恐れがある。事故を分析すると，品質保証が良いにもかかわらず，事故を起こしている例（たとえば JCO 事故のように）が少なからず見受けられる。また今回の福島第一原子力発電所事故事例のように，経済性を重視すると，頻度は低いがいったん事故が起こればその影響が大きい事象，いわゆるレアイベントに対する備えが不十分となる可能性も否めない。

(2)　刑法（ケア，性悪説，規範的人間像）と人間工学（アテンション，性善説，もろい人間像）

　ある事故が起こった場合に，警察が捜査で誰に刑事責任があるのかその主体を追及することと，事故調査委員会などのように今後の事故防止のために何をすべきかを考えることとではまったく視点が異なる。刑法では，「注意力（ケア）」が足りないという観点からエラーを定義している。他方，人間工学では，基本的に人間は「注意力（アテンション）」を継続することはできず，エラーを起こすものであることを前提に，そうならないために何をすべきか，という観点でものを見ている。「過つは人の常，許すは神の業（To err is human, to forgive divine）」は，人間工学で必ず出てくるキーワードである。

　刑法の視点を重視すると，指示やマニュアル遵守の主体性のない対応となり，安全性の劣化につながる恐れがある。脆いが無限の可能性を期待できる人間をいかに支援できるかの視点が安全性・セキュリティ向上のために大切である。

(3)　文脈の中での限定合理性と神の目から見た判断

　認知科学や認知システム工学の分野では，人間は必ず情報制約がある中で，文脈（コンテキスト）に沿って考え合理的に判断している。それを外部から後付で見るとエラーであると判断されることがある。これを，「文脈の中での限定合理性」と呼んでいる[26]。

　組織の不条理な行動は，これまで人間のもつ非合理性で説明されることが多かったが，最近は人間のもつ合理性がその原因であると考えるアプローチが出てきた。表1.2には，組織（行動）経済学の3つのアプローチを示すが，取引コスト理論，エージェンシー理論，および所有権理論の3つの理論に基づいている。その共通の仮定は「限定合理性と効用極大化」である[27]。

　これからの人間を対象とする工学では，エラーを起こしやすい社会の文脈を見つけていく必要がある。つまり，エラーとは何かを分析するのではなく，エラーを起こす社会の文脈を分析する方向に考え方が変わってきている。この方向は，エラーの内容を基本的に扱う従来の人間工学の範囲を超えているから難

表 1.2　組織（行動）経済学の 3 つのアプローチ
（組織は合理的に失敗する：菊澤研宗著，2009）

	取引コスト理論 （めんどくさがり）	エージェンシー理論 （情報格差）	所有権理論 （わがまま）
分析対象	取引関係	エージェンシー関係 （プリンシパルとエージェンシー）	所有関係
非効率性	機会主義的行動 埋没コスト	モラルハザード アドバースセレクション （レモン市場）	外部性
制度解決	取引コスト節約制度 （仲間-集権型-分権型組織）	エージェンシーコスト削減 （情報の対象化）制度	外部性の内部化（所有権配分）制度
事例	ガダルカナル白兵突撃 ワンマン経営-社外監視 硫黄島／沖縄戦（良好事例）	インパール作戦 ワークシェアリング	ジャワ軍政 仲間意識と組織的隠蔽

共通の仮定：限定合理性と効用極大化

しいのは事実である。しかし現在は，安全と人間を取り巻く環境要素との関連性の視点でエラーを分析しなければ対策に結びつかない時代になってきていると認識すべきであろう。対策は，人間のもつ合理的な特性に合わせるべきである。

(4)　標準（スタンダード：慣例，道徳）と基準（ルール：法，規制）

　エラーの定義に大きな違いが現れるのは，法や規制から逸脱しているかと，慣例や道徳に反するのではないかとが一致しない場合である。最近では，法律には触れていなくとも倫理的には問題があると糾弾されることも少なくない。

(5)　エラーの定義も社会の要請で変化する

　昨今問題となっている企業などの個人情報の漏洩は，いまに始まったことではなく以前からあったのであろう。食品問題が典型的だが，その安全性が社会との関係で決まるのと同様に，最近になってセキュリティ問題も社会との関係で問題として報道されるようになったというのが実際のところではないかと思

われる。福島第一原子力発電所事故では，当事者である一企業が責任を追及されているが，個人や組織のエラーというよりは，業界全体の判断誤り，さらには大規模災害に起因することを鑑みれば国の政策の誤りと考えるべきであろう。国家政策と営利企業の活動との狭間の「国策民営化」の概念の共通認識の誤りというべきかもしれない。

1.3.3　事故とエラーのモデルの変遷

　表 1.3 に，事故とエラーのモデルの変遷をまとめる。これまでの事故モデルは，故障やエラーの因果関係を分析し対策するドミノ事故モデルである。そのモデルで，現場の作業で発生する不安全行為の分類として使われる，スリップ，ラプス，ミステイクは，従来のヒューマンファクタでも扱っていた。これらは基本的エラータイプに属し，規則違反を認識したうえで行った行為はバイオレーションと呼ばれ，JCO 事故を含め最近起きた社会的事故を契機として，考慮せざるをえなくなってきた[20]。

　最近発生する事故は，深層防護の設計思想が確立されたこともあり，多様なシステムのエラーの重畳が原因となっている。このスイスチーズ事故モデルによる分析には，従来のエラー分析に加え，組織過誤の分析も必要となる。それには，管理職の違法性認識の観点が重要である。過誤はまず責任／権限の有無

表 1.3　事故，エラーのモデルと分析方法，対策の関係（氏田，2014）

事故のモデル	エラーのモデル	探索原理，分析方法	解析の目標，対策	
ドミノ（故障の連鎖）	機器故障とヒューマンエラー	原因-結果　因果関係	原因と連鎖の排除	設計
スイスチーズ（多様性の喪失）	システムエラー（共通原因故障）	リスク分析リスク評価	防護とバリアの維持	
組織事故（深層防護の誤謬）	安全文化の劣化	行動科学安全文化チェックリスト	組織文化のモニタと制御（組織学習）	運用

で判断され，そのエラーモードは予見性に基づき分類される[26]。

　組織事故は組織内部の問題であり，その原因は基本的に良かれと思いしたことの蓄積が結果的に組織を揺るがすまでに至るものであり，安全問題（善意の行為だがエラーとなる）との関連性が高い。組織事故は，深層防護の誤謬により，組織の内部あるいは組織間における相互依存が累積され，ひいては安全文化の劣化の問題となる。この対策には，行動科学などの組織分析に基づく組織管理が必要となろう。

　これに対し，不祥事は倫理的問題を含んでいる社会的問題とみなされ，セキュリティ問題（本質的に悪意があると社会から指弾された）との関連性が高いところに相違がある。ソーシャルエンジニアリングなどの社会心理学的対処が必要となろう。

1.3.4　レジリエンスエンジニアリング，高信頼組織の方法論

　最近になりレジリエンスエンジニアリング，高信頼性組織など新たな研究方法が現れ，さまざまな個人や組織の能力の分類が提言されている。システムの安全性を維持・向上させるには，また緊急時の適切な対応を期待するには，安全意識の高い人間に頼らざるをえないとの仮説に基づき，組織として必要となる個人や組織の能力を分析する試みである。

（1）　レジリエンスエンジニアリング（RE：Resilience Engineering）

　レジリエンスエンジニアリングの研究方針はまだ，定まったものではない。以前のレジリエンスエンジニアリングは，危機対応に重点を置いていた。最近の定義では[28]，個人の判断を排除し，またヒューマンエラーを生じさせないようにロバストなシステム設計を目標とするストラテジに対して，システム状態の変化がやむをえない場合に個人の状況判断を許容し（結果としてのヒューマンエラーの発生は許容したうえで），変化するシステム状態への人の対応を期待して，システムが定常に収まるようにしようとするストラテジのことである。

　ホルナゲルが通常運転時への注目を強調したのもそのためである。レジリエンス（柔軟で強靭）とは，組織が本来的にもっている能力であり，環境変化や外乱に応じて組織機能を事前にその最中にまたは事後において調整する能力である。これにより組織は想定内または想定外の変動条件下で日常の業務を失敗することなく遂行できる。この調整自体は通常行われるものであり，調整が上手くいかなかったときに失敗が発生する。人間は行動を最適化しようとしたときに，効率性と完全性の間の許容できるバランス，すなわちトレードオフを達成しようとする。レジリエンスな組織とは，この調整する能力が組織の全階層で実行でき，バランスの取れた効率性–完全性のトレードオフができる組織である。

　レジリエンスな組織となるための能力は以下の4つであり，この能力を組織の安全文化として醸成することにより，安全の向上と管理能力の向上を同時に実現でき，予測，計画，生産の力量を強化することができる。

① 　学習力（Factual）：何が発生したかを理解する（過去の事象から，何が原因だったかを正しく学ぶ）
② 　予測力（Potential）：何が起こりそうか判断でき備えることができる
③ 　監視力（Critical）：何に眼を光らせるべきかわかる
④ 　即応力（Actual）：何をすべきかわかり，対応する実行力がある（通常または通常以外の状況変化発生時に効果的かつ柔軟に対応する）

　トラブル事例を分析し，トラブルの起因となった効率性，さらにはそれを補完すべきレジリエンス能力について分析・評価することにより，組織として通常必要なレジリエンス能力を明らかにし，高めていくことができる。

(2)　高信頼性組織（HRO：High Reliability Organization）

　「高信頼性組織」の研究分野でも，組織の能力を研究している[29]。平時には，些細な兆候も報告する「正直さ」，念には念を入れる「慎重さ」，操作に関する鋭い感覚である「鋭敏さ」を，有事には，問題解決のために全力で対応する

「機敏さ」，最も適した人に権限を委ねる「柔軟さ」を挙げている。またこれらを統合する中核として，「マインド」をもつ人とプロセスを開発し，彼らを支える組織マネジメント，組織文化を作ることを提案している。

　高信頼性組織は，RE では事故やトラブルにおける良好事例から教訓を得るという立場とは対照的に，緊急時組織（たとえば原子力空母）の現場観察から良好事例を見いだすという立場であるが，事故やトラブルを少なくするという目標では共通しており，方向性は一致している。

　安全文化も組織の安全に関する能力を議論していると考えれば，やはり方向性は同じであろうし，実態として安全文化と HRO を同時に議論する人は多い。

　RE や HRO とは目的は異なるが，組織のリスクマネジメントとして要員はリスク対処能力，リスクリテラシー（RL）をもつべきと林は考えている[30]。

　事故トラブルを調査すると，かなりの事例で，エラーや規則に違反した行為に気がついている人，すなわちサトクリフ（Sutcliffe）がいうところのマインドフルな人がいる。彼らを強化し適切に支える仕組みができれば，事故トラブルを低減する新たな枠組みができるであろう。

1.3.5　セキュリティに影響を及ぼす人間特性とその対策

　情報システムなどの工学分野では，一般ユーザの心理的な弱点を利用する「ソーシャルエンジニアリング」と呼ばれる攻撃が増加傾向にあり，情報セキュリティなどの技術的対策のみでは，信頼性を確保することが難しくなっている。ソーシャルエンジニアリングの主な手法としては，他人を装って必要な情報を収集するなりすまし，ゴミとして廃棄された物の中から目的の情報を取得するゴミ箱あさり，清掃員，電気・電話工事人，警備員などになりすましてオフィスや工場などへ侵入するサイト侵入，後ろから PC 情報を取得するのぞき見などがある。

　ソーシャルエンジニアリングは，人間のもつ本質的な弱さを利用して人をある行動へと誘導する技術であるが，情報セキュリティ分野以外でも多くの研究がある。そのひとつに，チャルディーニ（Cialdini）の研究[31]があり，人間の

弱さについて，体系化を図っている。チャルディーニは承諾誘導の戦術として「返報性」,「コミットメントと一貫性」,「社会的証明」,「好意」,「権威」,「希少性」の6つを挙げている。ソーシャルエンジニアリングへの対策も，犯罪心理学などを適用して検討されている。

　プラントや輸送システムにおけるヒューマンファクタについての研究の歴史は長く，人間工学，行動認知学，認知心理学など多方面から研究がなされており，近年は，情報セキュリティ分野においても，ゲーム理論やインセンティブメカニズムなどの心理学や経済学の知見を活用する動きがある。しかし，人に由来する主観の問題を扱うため，活用の困難さも指摘されている。また，システムのリスク管理の観点からは，人に心理や行動に由来するリスクを低減するだけでなく，リスクの変化を制御して，システム全体のパフォーマンスの変動を抑制するなど，復元性（レジリエンス）の高いシステムの実現が期待されている。

1.4　情報システムのリスク分析・評価技法

　情報システムのリスク分析・評価技法としては，原子力や航空のシステム安全工学のリスク解析・評価手法（ETA，FMECA，FTA など）を応用することができる。ただし，脅威の発生論理やリスクデータ（可能性，影響），悪意の脅威の発生可能性（確率）データの入手困難性など，特徴的な相違点があること，とくに不確定性が大きいことに十分留意して解析する必要がある。

　定性的手法としては，以下の4つが挙げられる。

(1)　チェックリスト利用方法
　　　情報資産や利用環境についてチェックポイントを上げたリストを用いて調査・分析（経済産業省などの基準・ガイドを参考にリスト作成）
(2)　質問表利用方法
　　　職務担当別，階層別に質問表で調査し，脆弱性を洗い出し，回答のウ

　エイト付けと相対評価で優先対策を決定
（3）　シナリオ分析法
　　　脅威と影響・損失の多岐のシナリオを作成・評価して対応策を示す
（4）　マトリックス利用法
　　　表 1.4 の発生可能性と影響を表現したマトリックス表に各脅威を位置
　づけて評価

表 1.4　リスクマトリックス表

発生可能性 / ユーザ影響度	一般的手段で発生可能	特別な知識が必要	特別なツールが必要
顧客データの破壊	脅威 X	リスク大	
顧客データの改ざん			
顧客データの暴露			
⋮		リスク小	脅威 Y

　定量的手法とは，脅威の頻度×損失額をリスクとしてランク付け・評価する方法である。ひとつの方法が，ALE（Annual Loss Exposure）法で，年間予想損失額 ALE を以下のように近似計算して評価する。

$$\text{ALE} = \text{F} \times \text{I} : \text{発生頻度 F（回/年）を係数化　　：グレード付け } f1, \cdots, fn$$
$$\text{予想損失額 I（金額/回）を係数化：グレード付け } i1, \cdots, in$$

　もうひとつの方法が，PRA で用いられる FTA 法で，図 1.9 に適用例を示すように，脅威の発生過程を表現したツリー構造の論理図を作成して解析・評価する。

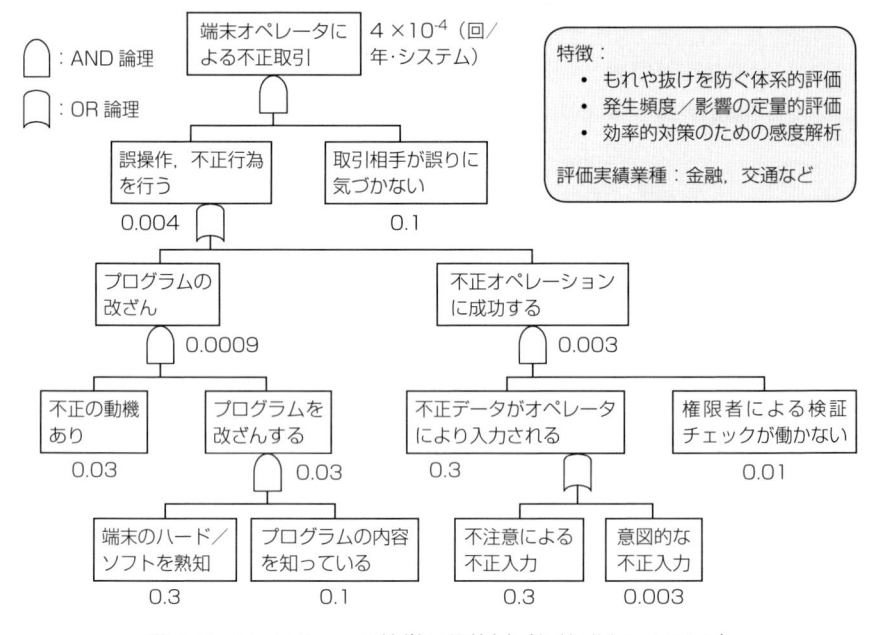

図 1.9　Fault Tree の簡単な具体例（永井 私信，2008）

1.5　安全とセキュリティの達成のために

　巨大複雑システムにおいて，技術の巨大化・複雑化と高度化に伴い，安全・セキュリティ問題がハードウェアから人間そして組織の問題へと，しだいに社会化する現象があらゆる技術分野で発生している。これに伴い，事故やエラーの形態や社会的な受け止め方，またその分析方法も時代とともに変化している。当初はドミノ事故モデルとヒューマンエラー，次いでスイスチーズ事故モデルとシステムエラー，そして最近の捉え方は組織事故と安全文化の劣化である。これらの事故の分析から安全を議論する方向に対し，新たな動向として，さまざまな事象の良好事例に着目して分析するレジリエンスエンジニアリング，高信頼性組織，リスクリテラシーなどの研究手法も盛んとなりつつある。また，

情報セキュリティ分野を中心に，人間のもつ本質的な弱さを利用してその人を
ある行動へと誘導する方法とその対策を検討するソーシャルエンジニアリング
も最近の研究テーマとして検討が始まった。

　安全やセキュリティの達成のために，人々の価値観・倫理観や行動様式（安
全文化）だけでなく，社会的受容や事故の社会・環境への影響も，考慮するこ
とが不可欠になりつつある。一方，リスクを含まない科学技術はないが，リス
クを上回る効用があるからこれまで受け入れられてきたことも事実である。そ
のためにも，安全問題とセキュリティ問題を統一的に扱うことができるシステ
ム安全学の体系化の早急な確立が望まれる。

【参考文献】

[1]　氏田博士，柚原直弘：システム安全学，海文堂出版，2015 年

[2]　佐々木良一，氏田博士 他：IT リスク学，共立出版，2013 年

[3]　（独）情報処理推進機構：自動車の情報セキュリティへの取組みガイド，2013 年

[4]　日経産業新聞，2012 年 1 月 25 日

[5]　http://hackaday.com/2013/07/26/defcon-presenters-preview-hack-that-takes-prius-out-of-drivers-control/

[6]　http://www.asahi.com/tech_science/update/0804/TKY201308040061.html

[7]　http://itpro.nikkeibp.co.jp/article/Interview/20130226/459134/?mle

[8]　http://www.nist.gov/cyberframework/upload/cybersecurity-framework-021214-final.pdf

[9]　NUREG/CR-1624：Rev. 1: ATHEANA, USNRA, 2000.

[10]　J. Rasmussen：Information Processing and Human-Machine Interaction, New York, Elsevier Science Publishing Company, Inc., 1986.（海保博之 他訳：インタフェースの認知工学，啓学出版，1990 年）

[11]　E. Hollnagel：The Phenotype of Erroneous Actions: Implications for HCI Design, in G. Weir and J. Alty (Ed.), Human-Computer Interaction and Complex System, London, Academic Press, 1991.

[12]　柚原直弘：ドライバのヒューマンエラーに関する考え方，自動車技術，Vol.62, No.12，2008 年

[13]　J. Reason：Human Error, Cambridge University Press, 1990.（林喜男監訳：ヒュー

マンエラー，海文堂出版，1994 年）

[14] A.D. Swain, et al.：Handbook of Human Reliability Analysis with Emphasis on Nuclear Power Plant Application, Sandia National Laboratories, NUREG/CR-1278, U.S. Nuclear Regulatory Commission, 1983.

[15] D.P. Miller & A.D. Swain：Human Error and Reliability, in G. Salvendi (Ed.): Handbook of Human Factors, Wiley-Interscience, 1987.

[16] M. S. Sanders, et al.：Human Factors in Engineering and Design, New York, McGraw-Hill, 1987.

[17] J. Reason：The Definition of Human Error and a Taxonomy for Technical System Design, in J. Rasmussen, K. Duncan and J. Leplat (Ed.): New Technology and Human Error, Chichester, John Wiley & Sons, 1987.

[18] D. A. Norman：The Psychology of Everyday Things, Basic Books, New York, 1988.（野島久雄訳：誰のためのデザイン？，新曜社，1990 年）

[19] J. Rasmussen：Skills, Rules, Knowledge: Signal, Sign, and Symbols and Other Distinctions in Human Performance Models, IEEE Trans, On Systems, Man, and Cybernetics (SMC), Vol.13, p.257–267, 1983.

[20] J. Reason：Managing the Risks of Organizational Accidents, Aldershot, Ashgate, 1997.（塩見弘監訳：組織事故，日科技連出版社，1999 年）

[21] D. A. Norman：Categorization of Action Slips, Psychological Review, 38(1), p.1–15, 1981.

[22] Christopher Wickens：in G. Salvendi (Ed.): Handbook of Human Factors, Wiley-Interscience, 1987.

[23] T. Sheridan：Telerobotics, Automation, and Human Supervisory Control, The MIT Press, 1992.

[24] C. Billings：Aviation Automation, Lawrence Erlbaum Associates, Publishers, 1997.

[25] 氏田博士：安全と信頼とリスク―安全・安心な社会を目指して，安全・安心を実現する専門家・組織・社会のあり方，信頼性学会誌，Vol.26，No.6，2004 年

[26] 氏田博士：事故とエラーのモデルに基づく安全・セキュリティのための個人及び組織の在り方，日本セキュリティ・マネジメント学会誌，Vol.28，No.1，2014 年

[27] 菊澤研宗：組織の不条理，ダイヤモンド社，2000 年

[28] E. Hollnagel, D. D. Woods, N. Leveson (ed.)：Resilience Engineering Concept

and Precepts, Prentice Hall, 2006.

［29］中西晶：高信頼性組織の条件，生産性出版，2007 年

［30］林志行：事例で学ぶリスクリテラシー入門，日経 BP 社，2005 年

［31］R. B. Cialdini, Influence: Science and Practice, 2002.（社会行動研究会訳：影響力の武器，誠信書房，2007 年

第②章

ITシステムの
情報セキュリティと心理

　ITシステムはインターネットの発展とともに進化し，サイバー空間は拡大を続けている。これに伴い，ITシステムの情報セキュリティにかかわる事件，事故は，その攻撃方法や被害が多様化，大規模化しており，情報セキュリティ対策の必要性，重要性が増してきている。情報セキュリティは，技術的な観点のみならず，運用・管理や法律の面からもさまざまな攻撃への対策が広く議論されてきている。しかし，情報セキュリティに完璧はない。これはITシステムが進化することに加え，ITシステムの根幹に「人」がいることが大きな理由である。「人」はITシステムの構成要素であり，「エラー」や「攻撃」を引き起こしてITシステムに打撃を与える。すなわち，ITシステムの安定や安全を実現するためには，高度に発展した情報セキュリティ技術の適用に加え，「人」の本質的な特性を捉え，「人」とITシステムの相互関係を十分に考察して，リスクをコントロールすることが不可欠である。しかし，情報セキュリティにおける「人」への取り組みは，まだまだ発展途上である。

　本章において，ITシステムにおける情報セキュリティについて，その考え方，心理的側面からのアプローチへの期待と，現在の取り組み状況を述べる。

2.1　情報セキュリティとは何か

2.1.1　情報セキュリティのCIA

　インターネットの急速な発展と相まって，情報セキュリティは情報化社会の主要な課題として捉えられるようになった。情報セキュリティとは，守りたい対象を資産と捉え，資産をさまざまな脅威から守ることである。国際標準化機構（ISO）と国際電気標準会議（IEC）が策定した情報セキュリティマネジメントシステムに関する国際規格 ISO/IEC27001 [1] において，認められた者だけがその情報にアクセスできる機密性（Confidentiality），情報が破壊，改ざん，消去されていないという完全性（Integrity），そして認められた者だけが，必要時に中断することなく情報および関連資産にアクセスできる可用性（Availability），これらを確保することと定義されている。機密性，完全性，可用性をCIAと称しており，CIAを確保することが情報セキュリティの要件である。

　また，利用者や情報などが主張どおりであるという特性を確実にする真正性（Authenticity），動作から動作主までを一意に追跡できる責任追跡性（Accountability），動作や事象が起きたことを後になって否認されないように証明する否認防止性（Non-Repudiation），意図した動作と結果が一致する信頼性（Reliability），これらを確保することを情報セキュリティの要件に含めることもある。

　情報セキュリティの要件を満たすには，対象となるITシステムに対するさまざまな脅威を想定してリスクを分析し，リスクに応じて必要な対策をとる，すなわちリスクをコントロールする必要がある。リスクは攻撃や脆弱性などで定義され（2.3.1項），たとえばSTRIDE[*1]（ストライド）では，悪意のある第三者からの想定すべき攻撃として，(1) Spoofing（なりすまし），(2)

　[*1]　マイクロソフト社によって策定された，攻撃に対してシステムの設計や実装の段階で適切な防御策を講じるための分析手法。

Tampering（改ざん），(3) Repudiation（否認），(4) Information Disclosure（情報漏洩），(5) Denial of Service（サービス拒否），(6) Elevation of Privilege（特権の昇格）が挙げられている。

　一方，対象を脅威から守る対策は，資産の価値や被害に伴う影響，そして対策のコスト対効果を鑑みて決めることになる。一般に対策は，「軽減」，「受容」，「転嫁（移転）」，「回避」に分類できる。「軽減」とは，攻撃そのものができないようにしたり，攻撃を受けても実質的な影響を受けないようにすることである。たとえば，データを暗号化することで暗号化したデータが漏洩しても情報は漏洩しない，あるいはデータが改ざんされても検知できるようにするなどである。また，「受容」とはリスクを受け入れることであり，「回避」とは，たとえばサービスの提供そのものを縮小することであり，「転嫁」とは，たとえば損失を補填するためにリスク保険に入ることである。セ

表 2.1　情報セキュリティ技術

要件	実現技術
機密性	共通鍵暗号／公開鍵暗号
完全性	メッセージ認証，デジタル署名
可用性	アクセス管理，不正アクセス防止
真正性	バイオメトリクス，パスワード
責任追跡性	電子公証
否認防止性	否認防止署名
信頼性	フォールトトレラントシステム技術

キュリティ問題への対策は，技術だけでなく，運用・管理や法律などの制度とともに対応することになる。

　表 2.1 に情報セキュリティ対策「軽減」のための代表的な技術を示す。技術の詳細は種々の参考書を参照されたい。

2.1.2　安全（セーフティ）とセキュリティ

　ところで，「セキュリティ」と似た概念に「安全（セーフティ）」がある。システムが今日ほど複雑でなかった時代には，装置の故障や障害などがシステムの停止や不具合といった事故の発生源であり，技術的対応で事故は防止できると考えられていた。やがてシステムが複雑になるにつれて，それを操作する人

間の能力の限界などからヒューマンエラーが重大な事故を引き起こすように
なった。たとえば 1979 年に発生したスリーマイル島（TMI）原子力発電所の
事故は，運転員の誤判断が重なったことに原因がある [2]。このように装置やシ
ステムの故障に加え，ヒューマンエラーなどの偶発的な脅威への対処，すなわ
ち「安全（セーフティ）」問題への対応がなされてきた。
　一方，インターネットの前身として知られている ARPANET [3] は，研究者間
の情報共有手段として生まれており，悪意の存在そのものが想定されていな
かった。やがて，情報通信技術の発展に伴ってインターネットとして成長し，
さまざまな人が利用者になったことから，「安全（セーフティ）」問題だけでな
く，人々の悪意によって引き起こされるサイバー攻撃への対処，すなわち情報
の「セキュリティ」問題への取り組みが不可欠になってきた。このような進化
の過程において，「セーフティ」と「セキュリティ」は独立に発展してきている。
　図 2.1 は，「セーフティ」や「セキュリティ」を考えるうえでの基本的なイ
メージ図である。評価すべき対象は，装置・システム，人・組織，環境などか

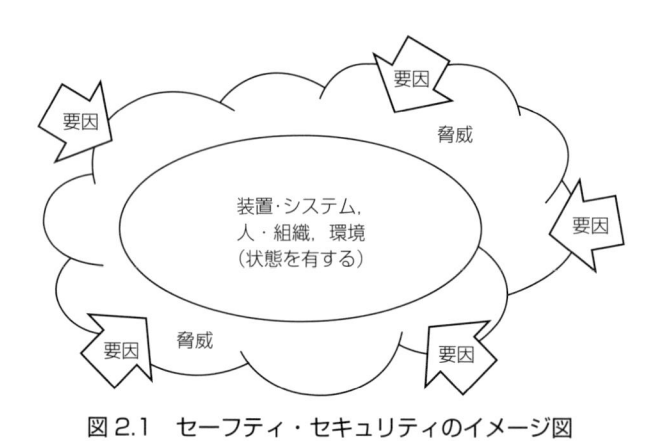

図2.1　セーフティ・セキュリティのイメージ図

---

[2]　米国東北部ペンシルベニア州のスリーマイル島原子力発電所における原子炉冷却材喪
　　失事故。
[3]　Advanced Research Projects Agency NETwork，世界で初めて運用されたパケット通信コ
　　ンピュータネットワーク。

ら構成され，事故や事件に至らないように，安全かつセキュアな状態を維持しなければならない。しかし，対象はさまざまな脅威（攻撃，脆弱性）に取り巻かれており，リスクを有している。そこで，脅威の発生要因を見極めて要因に応じた対策をとることになる。

　図 2.2 は「セーフティ」と「セキュリティ」が対象としてきた脅威を示している。「セーフティ」は天災などの環境的脅威，オペレーションエラーなどの人為的・偶発的脅威を対象に含めるのに対し，「セキュリティ」ではデータの改ざんや不正アクセス，フィッシングなど人為的・故意的脅威を対象に取り組んできている。しかし昨今，「セーフティ」と「セキュリティ」，あるいは「偶発的脅威」と「故意的脅威」の両者を同時に考慮した対策の検討が必要と考えられている。なぜならば，本来，「偶発的脅威」であるか「故意的脅威」であるかにかかわらず，結果として引き起こされた現象（被害）が同じである場合も多い。つまり，引き起こされた現象である「セーフティアクシデント」と「セキュリティインシデント」には，「セーフティアクシデント」に至るセキュリティ脅威（故意的脅威）や，「セキュリティインシデント」に至るセーフティ脅威（偶発的脅威）が存在する。しかし，「偶発的脅威」であるか「故意的脅威」であるかの違いは，対策の違いにつながる。したがって，本来は，双方の脅威を明示的に網羅することが必要である[2]。また「セーフティ」と

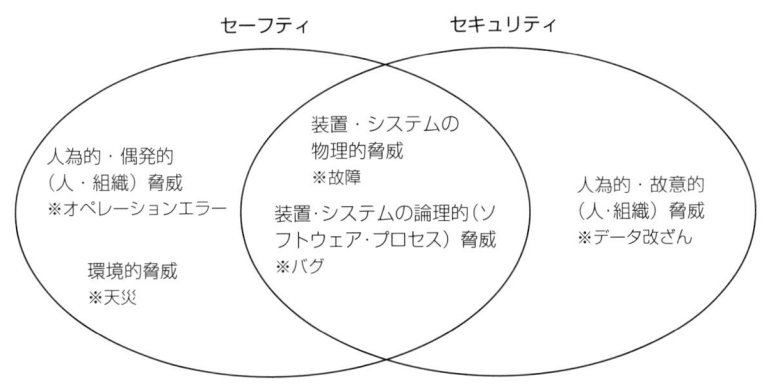

図 2.2　「セーフティ」と「セキュリティ」における脅威の分類

「セキュリティ」を別々に扱うことは，それぞれのポリシーの違いや制約が影響を与える場合もある。たとえば，ボイラー安全保護システムのパソコンにセキュリティ対策として導入したアンチウィルスソフトが，ウィルスを検知して安全保護システム側の通信を遮断した結果，安全保護システムはボイラーの安全停止に必要な通信を失うことになり，事故に至った事例がある。このように，「セーフティ」と「セキュリティ」の両面から分析・評価し，両者の観点から整合性のある対策を決定する仕組みが新たに必要である。

　また，近年増加している標的型攻撃やフィッシング攻撃は，人の心理的な隙や行動のミスを利用して秘密情報を入手するソーシャルエンジニアリングであり，「偶発的」な行為と「故意的」な行為の組み合わせである（2.4.1 項）。以上より，「セーフティ」と「セキュリティ」は別々に取り扱うのではなく，両面から取り組むことが必要である。

2.2　情報セキュリティの現実

　インターネットの発展とともに，情報セキュリティの問題に対応した多様な製品やサービスが提供されてきている。しかし，IT システムを取り巻くセキュリティインシデントも多様化してきている。下記は近年のセキュリティインシデントの発生の傾向である。

（1）　個人レベルの事件が多様化：スマートフォンはパソコン同様に多機能であるにもかかわらず，提供されるセキュリティ対策が必ずしも十分ではない。また，必ずしも情報リテラシーを十分に有していない広範な人々，たとえば高齢者や年少者が，手軽な利用に潜む危険を認識せずにスマートフォンを利用している。

（2）　内部犯罪の被害額が増加：組織内部の職員や元職員が，不正に情報を持ち出し，持ち出した情報を漏洩，紛失させる。通信教育の大手企業の顧客情報 3504 万件が漏洩した事件（2014 年 7 月 9 日に発覚）では，顧客情報に関するデータベースの運用や保守の管理にかかわった派遣

会社のシステムエンジニアが情報を持ち出して販売した。

(3)　ウィルス感染による被害の拡大：標的型攻撃などによってウィルスに感染し，甚大な情報漏洩の被害が出ている。2016 年にはランサムウェアによって組織内サーバのファイルやさまざまなファイルが暗号化され，復号のための鍵と引き換えに金銭の振り込みを要求された。また，インターネットに接続された IoT 機器をボット化して DDoS 攻撃 *4 に悪用する「Mirai」と呼ばれるウィルスが猛威を振るった。

(4)　国家的な関与が疑われる犯罪（サイバーテロ）の発生：ウクライナの電力会社が 2 度（2015 年 12 月，2016 年 12 月）にわたり，サイバー攻撃を受け，数時間に及ぶ大規模停電が発生。これは標的型メールからウィルスに感染させ，1 年程度をかけて復旧手段も使えなくする（非常時電源が使えない，コールセンターの電話が輻輳する他）などの準備をしたうえで，変電所の遮断機を遠隔操作で切断した。

　一方，情報化社会の進展は新たな法の整備を必要とし，情報セキュリティ分野においてもサイバー犯罪を取り締まるための不正アクセス禁止法（2000 年施行），電子商取引を支援する電子署名認証法（2001 年施行），プライバシー保護や個人情報を扱う事業者規制のための個人情報保護法（2005 年施行），改正個人情報保護法（2017 年施行），サイバーセキュリティに関する施策を総合的かつ効率的に推進するための基本理念と国の責務などを明らかにしたサイバーセキュリティ基本法（2014 年施行）などが整備されてきた。また，日本政府は内閣官房に内閣サイバーセキュリティセンター（NISC）を設置し，セキュリティ分野の国策を指揮してきている。このようにサイバーセキュリティへの対応は進化してきている。しかし，セキュリティに関する事件，事故がなくなることはなく，解決すべき課題も領域も多種多様になってきている。なぜ

---

　*4　DDoS（Distributed Denial of Service）は，標的のコンピュータに対して，複数のマシンからネットワークを介して処理負荷を与えることで，サービスや機能を停止状態に追い込む攻撃手法。

であろうか。そこには，情報セキュリティならではの難しさがある。

2.3　情報セキュリティの難しさ

　情報セキュリティの確保は難しい。情報セキュリティにおいては，リスクを変動させる要因が多岐にわたり，将来起こりうるリスクを確定することが困難である。とくにITシステムにおいては，リスクの原因となる人やソフトウェア，装置，システムの構成の変化が激しく，かつ，それらの間に多様な相互作用が存在する。ここに，情報セキュリティのリスクをコントロールすることの難しさがある。

2.3.1　変動するリスク

　「リスク」という言葉はさまざまな分野で使われているが[3][4]，安全・セキュリティの観点では，ある事象の生起による負の影響とその生起の確からしさの組み合わせと考え，一般には，「リスク＝損害の大きさ×発生確率」と定義されている。また，ISO/IEC27005[5]では，リスクは「資産価値，攻撃，脆弱性」で定義されている。「資産価値」は「損害の大きさ」，「攻撃」と「脆弱性」は「発生確率」にかかわり，類似の指標であるといえる。つまり，社会基盤であるITシステムの安定のためには，資産価値，攻撃，脆弱性の観点でリスクを制御することが不可欠である*5。

　しかし，リスクの扱いは厄介である。たとえば，情報システムの共通脆弱性評価システムCVSS（Common Vulnerability Scoring System）*6では，脆弱性の評価基準として，基本評価基準（Base Metrics），現状評価基準（Temporal

---

*5　本論では，「攻撃」と「脆弱性」を「脅威」と定義している。
*6　情報システムやソフトウェアに存在する保安上の弱点や不具合（脆弱性）の深刻度を評価する手法のひとつ。システムの種類や開発元の違い，評価者の違いなどに共通の尺度で，3種類の指標の得点で表す。

Metrics），環境評価基準（Environmental Metrics）の 3 つを用いている。基本評価基準は，「機密性」，「完全性」，「可用性」に対する影響を，ネットワークから攻撃可能かどうかといった基準で評価するが，これは基本的には時間の経過や利用環境の違いで変わることはなく，脆弱性の固有の深刻度を表す。現状評価基準は攻撃コードの出現有無や対策情報の利用可能性など，脆弱性の現在の深刻度であり，脆弱性への対応状況に応じて，時間が経過すると変化する。環境評価基準は，製品の利用環境も含め，攻撃を受けた場合の二次的な被害の大きさや，組織での対象製品の使用状況といった最終的な脆弱性の深刻度であり，製品利用者毎に変化する。

　脆弱性の評価に 3 つの評価基準を用いることからもわかるように，リスクは変化し，将来起こりうるリスクを確定することが困難である。このため，PDCA*7 で継続してリスクを管理する必要がある。

2.3.2　進化する IT システム

　IT システムのリスクコントロールの難しさの最大の要因は，守るべき対象である IT システムの変化の激しさにある。計算機はメインフレームと呼ばれる大型計算機から，サーバ・クライアントシステムを経て，クラウドシステムの利用に至っている。また従来は，さまざまなデバイスや装置は単独でその役割を果たしてきたが，いまではそれぞれが通信機能を有し，IoT（Internet of Things）システムへと発展を遂げている。そしてさらに，他業種，他分野の複数の IT システムが互いに連携し，ひとつのシステム（System of Systems）を構成するに至っている。連携がもたらす IT システムの拡張や再構築は，安全やセキュリティにかかわるさまざまな前提の管理を困難にし，装置やシステム，人や組織，環境の相互作用に不備が生じることにつながっている。複雑化した重要インフラが障害を起こした例としては，繰り返された銀行システム統合が

---

*7　計画（Plan）→ 実行（Do）→ 評価（Check）→ 改善（Act）という活動を繰り返し行うことで，継続的にプロセスを改善していく手法。業務プロセス管理手法のひとつ。

挙げられる*8。

　また，IT システム，あるいは IT システムを構成するコンポーネント，部品がオープン化やグローバル化が進む中で調達されつつ，サプライチェーンが構築されるようになってきていることも重要な側面である。従来は独自の OS や通信プロトコルを採用していた制御装置も，オープン化によって汎用的な OS（Windows や Linux など），ソフトウェア，通信プロトコルが採用されている。オープン化は技術や事業の発展を加速させるが，同時に攻撃や脆弱性などのリスクにかかわる情報も共有され，攻撃の機会が増えることにつながり，被害が大きくなっている。その一方で，セキュリティにかかわる開発や管理は国内外のサプライヤに委ねられている。たとえば Windows ではソフトウェアの脆弱性を修正するアップデートが頻繁に行われるが，ソフトウェアの更新によって状態が変わることは新たな脆弱性を内包する可能性も含んでいる。このような激しい変化が，リスク管理を困難にしていることは明白である。

2.3.3　「人」は IT システムの主要な要素

　IT システムは，そもそも人間社会を支えるために発展してきたものであり，同時に「人」はデバイスや装置，ネットワークなどのコンポーネントとともに，IT システムの重要な構成要素である。IT システムにかかわる「人」としては，IT システムの開発者，運用者，オペレータ，一般ユーザなどがある。

　前述したように，当初はオペレータが単純な装置を操作していたが，1980年代には金融システムや業務システムのオンライン化が進み，システムが複雑になるにつれて，ヒューマンエラーが重大な事故を引き起こすようになったことから，IT システムを操作する人間への要求も過大になってきた。

---

*8　第一勧業，富士，日本興業の 3 銀行が再編して誕生した「みずほ銀行」は，営業初日（2002 年 4 月 1 日）に ATM の障害が発生。公共料金の自動引き落としなどの口座振替に遅延が生じ，連鎖的に大量の未処理が発生するなどの大規模なシステム障害に陥り，混乱が長期化（1 か月以上）した。

　また，IT システムが提供するサービスも，事務作業の効率化を目的とした計算処理や業務改善だけでなく，一般ユーザを対象としたインターネットバンキングや，趣味や娯楽の提供などを目的とした SNS などの新サービスが開発されてきている。これに伴い，管理者や訓練を受けたオペレータのみが IT システムを利用する時代から，さまざまな情報端末が出現したことと相まって，一般のユーザを含む多様な人材が多様な形態で IT システムを利用するに至っており，それが昨今の IT システムを取り巻くリスクコントロールを難しくしている。

2.4　心理的側面からの検討の必要性

　2.3 節で述べたように，情報セキュリティにおけるリスクは環境や人によって変化し，コントロールすることは難しい。リスクには，技術的な対策だけではなく，運用管理や法制度なども含めて総合的に対応するが，完璧な情報セキュリティ対策はない。完璧はないが，できる限りリスクを下げることは期待される。リスクを下げるということは，資産価値，攻撃，脆弱性を制御することであり，とくに攻撃と脆弱性に対しては，人に由来する特性を理解し，心理的な側面からも適切にコントロールすることが望まれる。

　もちろん，IT システムの現場で，不適切な行動の背景にある意図を判断し，その心理的な要因との相関関係や因果関係を捉えることは，容易ではない。とくに，「故意」に基づく行為は，心理が正直に行動に反映されるとは限らず，行動と心理の直接的な関係を捉えることは困難だと推察される。しかし，増大するリスクへの対応においては，心理的要因を検討の拠り所のひとつとすべきことに疑いはない。

　事故や事件につながり，システムを望ましくない状態に陥れる可能性のある「人」の不安全な行為は Reason による分類 [6] [7] が知られている。図 2.3 は，Reason の分類にセキュリティにかかわる悪意の非セキュリティ行為を加筆したものである。不安全・非セキュリティ行為には，意図しない行為と，意図的

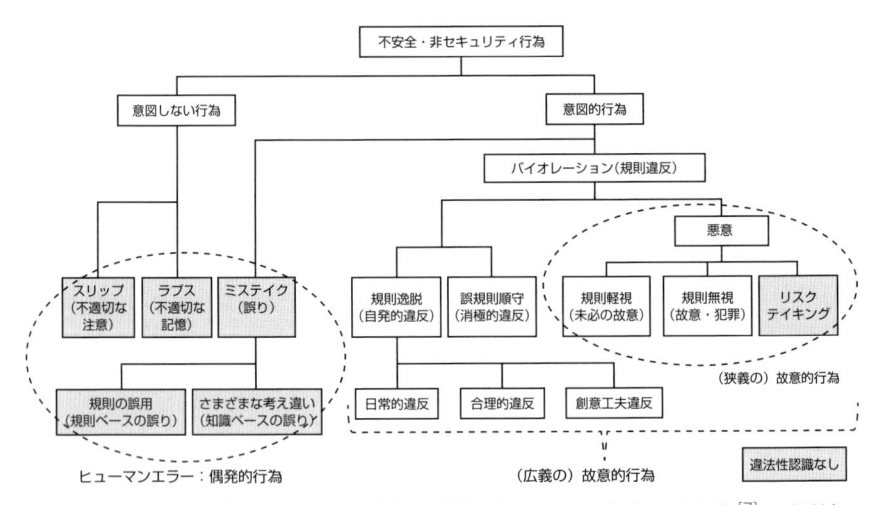

図 2.3　**不安全・非セキュリティ行為の分類**（Reason（柚原，氏田）[7] に加筆）

行為がある。意図しない不安全行為，すなわち“うっかりミス”は，行為の目的に反する行動を自動的，無意識に行う「スリップ」，行為の途中で実行時に必要な情報（作業の意図，規則，危険性など）を失念する「ラプス」がある。また，意図的な不安全行為としては，行為の目的自体が間違っており，結果として失敗になる「ミステイク」がある。「ミステイク」は悪意ではない。したがって，違法性もなく，「正しい規則の誤った適用，悪い規則の適用」といった規則ベースのミステイクと，「誤った規則の適用，考え違い」である知識ベースのミステイクに分類される。「スリップ」「ラプス」「ミステイク」の 3 つがヒューマンエラーであり，本章では「偶発的」な行為と位置付けている。

　一方，意図的行為のバイオレーション（規則違反）には，違法性の認識のある「規則違反」として，能力や経験不足による「規則逸脱」，誤った規則を放置する「誤規則順守」がある。「規則逸脱」には「日常的違反」，「合理的違反」，「創意工夫違反」がある。「創意工夫違反」とは作業時間短縮や作業効率改善など，良かれと思って工夫した行為が規則違反となることを意味している。

　また，悪意がある行為，すなわち非セキュリティ行為は，違法性の認識はな

くても死傷や損失が発生する可能性があることを承知で行う危険敢行行動「リスクテイキング」，違法性の認識があり事態の発生を予想しながら放置するといった未必の故意である「規則軽視」，明確な悪意，故意による犯罪の「規則無視」に分類することができる。本章では，バイオレーションを「故意的」な行為と位置付けている。

なお，「故意」とは，一般的にはある行為が意図的なものであることを指し，法律上は他人の権利や法益を侵害する結果を発生させることを認識していながらそれを容認して行為することを指す。

不安全・非セキュリティ行為には，国家の安全保障領域である空，海，陸，宇宙，サイバー空間に対する，国やマフィアなどの集団の関与が疑われるものも含まれる。これらは個人に対して強い強制力や組織の意図が働くことが想定される。国家レベルの組織論などは，別途検討すべき領域と考えられ，本論の検討範囲ではない。

以降，IT システムの発展の経緯を鑑み，情報セキュリティに対して，期待される心理的側面からのアプローチについて記す。

2.4.1　IT システムにおける攻撃の方法と攻撃モデル

警察白書 [8] では，IT システムにおける主な不正を，(a) 不正アクセス禁止法違反，(b) コンピュータウィルスに関する罪（刑法に規定されているコンピュータ又は電磁的記録を対象とした犯罪及び不正指令電磁的記録に関する罪），(c) ネットワーク利用犯罪（著作権法違反，オークション利用詐欺，商標法違反他）に分類している。

表 2.2 は，不正アクセス禁止法違反が問われた事件の犯行手口である。利用権者のパスワードの設定・管理の甘さに乗じる識別符号（パスワード）窃用型，脆弱性であるセキュリティホールを攻撃する手口などが使われており，人的要素が深くかかわっていることがわかる。

不正プログラムであるコンピュータウィルスに感染させる方法としては，たとえば業務に関連しているように装った電子メールに，ウィルス対策ソフトで

表 2.2　検挙された不正アクセス禁止法違反におけ
る不正アクセス行為の犯行手口の内訳 [8]

識別符号窃用型	利用権者のパスワードの設定・管理の甘さにつけ込んだもの
	識別符号を知りうる立場にあった元従業員や知人などによるもの
	他人から入手したもの
	言葉巧みに利用権者から聞き出したまたはのぞき見たもの
	スパイウェアなどのプログラムを使用して識別符号を入手したもの
	フィッシングサイトにより入手したもの
	インターネット上に流出・公開されていた識別符号を入手したもの
	その他
セキュリティホール攻撃型	

は検知できない不正プログラムを添付して送信し，受信者が添付ファイルを開くことで，コンピュータを不正プログラムに感染させる標的型攻撃や，攻撃対象の組織の構成員が頻繁にアクセスするウェブサイトを改ざんし，そのサイトを閲覧したコンピュータを不正プログラムによって自動的に感染させる水飲み場型攻撃などが知られている。

　IT システムに対する「人」を介した攻撃は，図 2.4 に示すように，直接型，間接型，集団型の 3 種類の攻撃モデルに分類することができる。

- 直接型：システムオペレータなどの内部者や，第三者が直接的に攻撃を行うモデルである。直接型では，図 2.3 における不安全・非セキュリティ行為のすべてが対象になる。
- 間接型：攻撃者がオペレータなどの操作者にヒューマンエラーなどを引き起こさせる間接的な攻撃モデルである。これは，被害者となる操作者の心理面や行動面の隙につけ込んで，情報の取得・改ざん・破棄，施設やシステムへの侵入などを受動的・能動的に実施させる，いわゆるソーシャルエンジニアリング [9] であり，前述の標的型攻撃や水飲み場型攻撃，

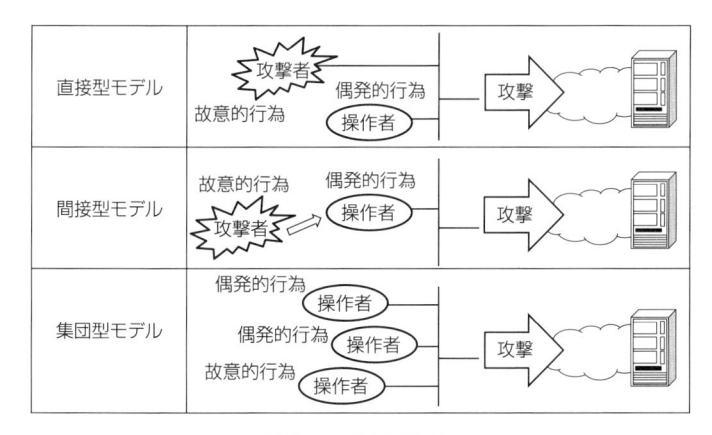

図 2.4　攻撃モデル

メール本文上のリンクから悪意のあるサイトに誘導してパソコンをコンピュータウィルスに感染させ，パソコン内のデータを破壊したり，搾取するなどが知られている。メールを用いる攻撃では送信者が管理者や信頼できる人物を装っており，本物か偽物かの区別が難しく，被害者は攻撃に気づき難い。ソーシャルエンジニアリングの一般的な手法としては，のぞき見，トラッシング[*9]，フィッシング詐欺，なりすまし，リバースソーシャルエンジニアリング[*10]，ワンクリック詐欺などが挙げられている。間接型では，攻撃者と被害者が関係しており，攻撃者の行動は主として非セキュリティ行為に，被害者の行動は主として不安全行為として識別される。

- 集団型：悪意ではない行動が集団となったことで，攻撃になりうることがあり，ボットネットの構築，DDoS 攻撃などがある。後述するスマートグリッド利用におけるリスク分析例（図 2.6）では，「電力使用量が増え，監視者が各部門に節電要請をしたが，構成員の従わない心理により

[*9]　ゴミ箱に捨てられた機密情報や個人情報を盗むこと。スキャベンジングともいう。
[*10]　ユーザから不正侵入者にコンタクトをとる仕掛けを仕組んでおく手口。

停電発生」という事象を想定し，「前回停電しなかったから節電に協力し
なくても大丈夫だろう」，あるいは「みんなが節電に協力するだろうから
自分は協力しなくても大丈夫だろう」といった判断が，結果として停電
を引きおこすことを示している。ここには，集団における楽観的な幻想
などの心理が働いており，不安全・非セキュリティ行為としては主とし
て未必の故意や消極的違反を中心にすべての行為が対象になる。

従来は「セキュリティ」は悪意に基づく行為によると分類されてきたが，こ
のように直接型，間接型，集団型の攻撃タイプの分類からも，情報セキュリ
ティにおける心理を考えるうえでは，「意図的」行為だけでなく「偶発的」行
為の心理を対象にする必要がある。

2.4.2 IT システムのライフサイクル

IT システムのライフサイクルは，その計画から分析，設計，開発，テスト，
運用，破棄に至る各フェーズにおいて，人が介在し，さまざまなリスクを包含
している。対策を検討すべき心理として，開発や設計における脆弱性を作り込
む心理，運用における攻撃をする心理や脆弱性対策をしない心理などが挙げら
れる。

なお，「バグ」と「脆弱性」は似た概念であるが，「バグ」は本来できるべき
操作や機能ができないことであり，「脆弱性」は本来できない操作や機能がで
きてしまうこと，と理解することができる。本章では，「バグ」を含めて「脆
弱性」と位置付けている。

総務省や（独）情報処理推進機構（IPA）はセキュリティ対策の必要性を発信
している[10] [11]。表 2.3 は，IPA が毎年まとめる「10 大脅威」に示された IT シ
ステムをさまざまな脅威から守るための対策である。これらは情報セキュリ
ティ対策の基本であるが，これが適切になされていないことが多い。対策の必
要性がわかっていながら，セキュリティ対策を怠る傾向を示す人と，その心理
が存在する[12]。

表2.3　情報セキュリティ対策[11]

1	ソフトウェアの更新	ソフトウェアの欠陥である脆弱性は，ソフトウェアを更新して解消する
2	ウィルス対策ソフト導入	ウィルス対策ソフトを導入し，流行しているウィルスの感染を未然に防ぐ
3	パスワードの適切な管理	推測されにくい「記号，英数字」を含む「十分な文字数」のパスワードを設定，複数のウェブサービスでパスワードを使い回さない，二要素認証など，強い認証方式が利用できれば利用する
4	認証の強化	不要な設定は無効にする フォルダや顧客管理システムなどへのアクセス制限を適切に行う
5	設定の見直し	アップロード可能ファイルの制限など
6	脅威，手口を知る	新聞やインターネットなどから情報を自発的に収集し，被害に遭わないよう手口を事前に知る
7	クリック前に確認	怪しいソフトウェア，アプリは利用しない 怪しいサイト，メールは開かない
8	バックアップ	パソコン，共有サーバなどを復元できるように，重要なファイルを定期的にバックアップする

2.4.3　安全・セキュリティにかかわる人の立場と属性

　人の行動は，立場や属性が深くかかわる。リスクとなる事象を引き起こす攻撃者，被害者が，対象のシステムやサービスに対して当事者（内部者）であるか，第三者（外部者）であるかといった立場が人の行動に影響を与える。ITシステムの不正にかかわる人は，サイバーテロリスト，諜報員，産業スパイ，ハクティビスト[*11]，ハッカー（スクリプトキディ[*12]，ボットハーダ[*13]），組織人，一般人などが挙げられる。攻撃者が一般人であるか，組織人であるかによって，負うべき責任や規制が異なることから，その行動にも違いが生じる場

[*11]　政治や特定の問題に対して主張を有し，その目標達成のために，人目を引くような攻撃によって対立する組織に損害を与える人。

[*12]　インターネット上に公開されている他の人が作ったクラックツールを利用して，システムの脆弱性を利用した攻撃やいたずらをする人。

[*13]　ボットネットの指令者のこと。

合がある。攻撃者や被害者の年代，性別，経歴，文化的背景などの属性も影響を与えるであろう。さらに，個人と集団で行動が異なる場合もある。たとえば，集団で共同作業を行うときに一人当たりの課題遂行量が人数の増加に伴って低下するフリーライダー効果による社会的手抜き，好ましい姿を呈示したい他者の存在によって作業効率が上がる社会的促進などが知られている。なお，立場や属性は動機とも深くかかわる。

2.4.4　不正に伴う動機

　人が不正行為を行うメカニズムである「不正のトライアングル」*14 では，「機会」，「動機」，「正当化」という3つの要因がそろったときに不正行為が起きると考えられており，情報セキュリティ分野でも援用されている[13]。「機会」とは不正行為の実行を容易または可能にする環境のことで，IT システムやネットワークなどの物理的な環境や技術力，組織のルールなどがかかわる。「正当化」は不正行為の実行を自分自身に納得させるための理由付けである。これは良心の呵責から逃れるための都合の良い解釈や他人への責任転嫁などであり，たとえば，金銭の横領をした際の，「一時的に借用はしたが，いずれ返すつもりであり，盗んだのではない」などの言い訳がこれにあたる。

　一方，「動機」は，「不正行為をしてでも，自分自身の望みを叶えよう，悩みを解決しよう」と考えるに至った事情である。インターネットが普及する初期の段階での動機は，技術力誇示（知的な遊びやいたずら，愉快犯）が多かったが，昨今では，金銭や成果の不正取得，政治的な主張や不満の表明などが増えている。また，当事者による不正である「内部不正」においては，関係者からのプレッシャー（業務量，ノルマなど）による恐怖や，処遇への不満，不安も動機になりうる。表2.4は，表2.2の不正アクセス行為における動機例である。

　一方，サイバー攻撃の兆候や，攻撃によって引き起こされる問題，攻撃に

---

*14　米国の犯罪学者である D. R. クレッシー（1919–1987）が実際の犯罪者を調査して導き出した理論。

対処するための取るべき措置など
の情報を共有するためには，サイ
バー攻撃関連情報を標準化した記
述にする必要がある。標準化形
式である STIX（Structured Threat
Information eXpression）*15 は，攻
撃者，攻撃者の行動や手口，狙っ
ているシステムの脆弱性などを記
述する。STIX で記述できる攻撃
者の動機は表 2.5 となっている。

表 2.4　不正アクセス行為の動機の内訳 [8]

区分
顧客データの収集など情報を不正に入手するため
不正に経済的利益を得るため
嫌がらせや仕返しのため
オンラインゲームや SNS で不正操作を行うため
好奇心を満たすため
料金の請求を免れるため
その他

表 2.5　STIX における攻撃者の動機の記述

Ideological（イデオロギー的）	- Anti-Corruption（腐敗防止）
	- Anti-Establishment（反体制）
	- Environmental（環境保護）
	- Ethnic/Nationalist（民族的／国家主義的）
	- Information Freedom（情報自由化）
	- Religious（宗教）
	- Security Awareness（セキュリティ意識）
	- Human Rights（人権）
Ego（利己的）	
Financial or Economic（金銭，経済的）	
Military（軍事的）	
Opportunistic（日和見的）	
Political（政治的）	

*15　サイバー攻撃を特徴付ける事象などを取り込んだサイバー攻撃活動に関連する項目を記述するための技術仕様。http://stix.mitre.org/，https://www.ipa.go.jp/security/vuln/STIX.html

　不正の発生を防止するためには，不正行為に至らせる「機会」，「動機」，「正当化」の関係性を断ち切ることが必要である。能動的に組織が対策できるのは「機会」を作らないことと，「動機」の原因を解消することだといわれている。「正当化」に対しては，教育による効果が期待される。

2.5　情報セキュリティ分野における人間的側面からの検討の現状

　心理的な観点から情報セキュリティを検討するアプローチは，ソーシャルエンジニアリングによる攻撃が増えてきた 2000 年頃から少しずつ増えてきている。ここでは，比較的検討が進んでいるリスクマネジメント，報告書やガイドラインが存在する内部犯罪，ようやく進んできた情報セキュリティにおける人の特性調査や分析に関する取り組みの動向を記す。

2.5.1　リスクマネジメント

　リスクを適切に制御するための規格として，国際標準化機構（ISO）にはリスクマネジメントの統合的な規格 ISO31000 [14] があり，これを補完する形で分野別の規格が存在しており，情報セキュリティについては ISO/IEC27005 [5] がある。リスクマネジメントプロセスの概要を図 2.5 に示す。リスクマネジメン

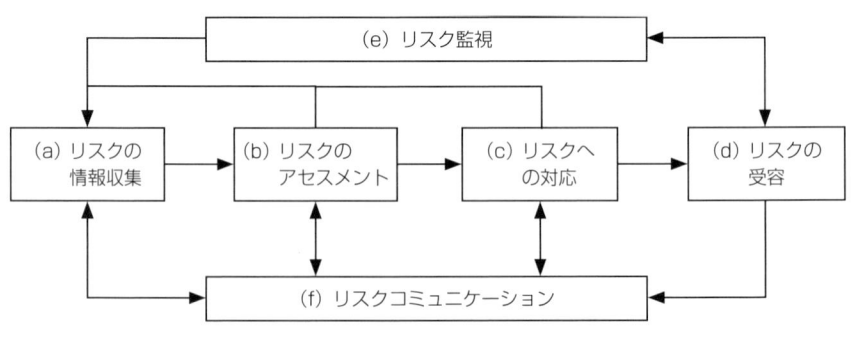

図 2.5　リスクマネジメントプロセス

トプロセスでは，対象となる情報システムの（a）リスクにかかわる情報収集とリスクマネジメントの目的の明確化，（b）収集した情報からリスクを抽出し，その損害の大きさと発生確率から対応するリスクの優先順位を決定するリスクアセスメント，（c）リスクマネジメントの目的を満たすための個々のリスクへの対応（軽減，回避，転嫁）の決定，（d）リスクへの対応後の残存リスクが許容範囲であることを確認するリスクの受容，（e）リスクへの対応について監視を行い，損害や発生確率の低減を確認するリスク監視からなる。また，（f）リスクコミュニケーションは（a）〜（e）について，利害関係者と意思疎通，合意形成を図るプロセスであり，利害関係者の協力を得ることで，より適切なリスクマネジメントを行うことを目的としている。リスクは動的に変化するため，PDCA サイクルで，（a）〜（f）を適宜繰り返すことになる。

（1）　リスクアセスメント

　リスクマネジメントにおいて，リスクを適切に把握するリスクアセスメント，すなわちリスクを特定，分析，評価することはとくに重要なプロセスである。表 2.6 は IT セキュリティマネジメントに関する国際規格である GMITS[14] で示されているセキュリティの分析手法である。これらの手法は，チェックリ

表2.6　分析手法 [15] [16]

種類	概要
ベースライン分析 • チェックリスト法	既存の標準やガイドラインなどからセキュリティ対策をチェックリスト化して採用。基本レベルの対策を短時間で作成できるが，対象に対して対策の過不足が生じる可能性がある。
詳細分析 • ランク値付マトリックス法 • FTA	構造化された分析的方法で，対象となる資産ごとに価値，脅威，脆弱性や要件を識別し，リスクを算出する方法。専門知識と労力を要する。
組み合わせ分析	ベースライン分析と詳細分析を組み合わせることを推奨。前者の画一的な評価と後者の精緻な評価をバランスよく実施。詳細リスク分析の部分特定の適切さに依存する。
非形式的な分析 • ブレーンストーミング法	組織や担当者，専門家の知識や経験を基に主観的に分析。短時間に分析できるが，見落としや偏りが生じやすく，第三者の検証が困難。

ストによる簡易的なものから詳細分析による精緻なものまである。リスクマネジメントでは適宜 PDCA サイクルをまわしていくことから，いずれの手法においても，評価の判断根拠を明確に検証・継続できることが必要である。どの手法を採用するかは，求められる精度，アセスメントの実施期間，分析者のスキルに依存する。しかしながら，システムの複雑化，大規模化が進む中で，装置などのコンポーネントやシステムが画一化された仕様に留まらず，結果としてリスクが複雑，不明瞭になることから，詳細リスク分析は負荷が高いものの，その必要性が改めて認識されてきている。

　フォルトツリー解析（FTA：Fault Tree Analysis）は，事象を生起させる要因の連鎖を分析・評価する手法であり，イベントツリー解析（ETA：Event Tree Analysis）[*16]，故障モード・影響度分析（FMEA：Failure Modes and Effects Analysis）[*17] などのハザードに関する解析手法とともに，安全（セーフティ）分野で発展してきた [7]。

　情報セキュリティ分野における FTA による詳細分析は，分析対象における「望ましくない事象」を頂上事象として，脅威の発生過程における因果関係を表現した樹形図（Fault Tree）を用いて分析する。潜在的な原因および頂上事象までの経路を特定することができ，事象発生の因果関係を定性的に把握するとともに，各原因事象の発生確率を与えることにより，頂上事象の発生確率を定量的に算出する。

　ここで，頂上事象となる「望ましくない事象」の洗い出しが重要になる。その一方法として，PHA（Preliminary Hazard Analysis）は対象とするシステムの設計，運用に関係しているハザード，危険を生じうる状態の特定を目的とした帰納的分析法として知られている [17]。また，情報システム分野では，5W

[*16]　故障をもたらす起因事象から始めて，その事象の進展を阻止するための機能を「成功」「失敗」の2通りで分岐させることでイベントツリー（Event Tree）を作成し，最終的な事象である事故が発生する確率を算出する手法。

[*17]　システムの故障をもたらす不具合要素（故障モード，イベントなど）を網羅的に列挙し，不具合要素の発生確率やシステムに及ぼす影響の大きさを評価する手法。

（Who/Why/When/Where/What）法を用いて，望ましくない事象をシナリオベースで洗い出す手法が知られており，Why で動機（心理）を捉えている[12][18]。PHA や 5W 法による分析で抽出された事象を頂上事象として FTA で展開することは How についても明らかにすることである。

　PHA や 5W 法は「望ましくない事象」を網羅的に抽出できるというメリットがある反面，FTA には多大な労力を必要とすることから，優先的に分析すべき事象を，適切に切り分け，判断する専門的な知見が必要である。

　ここでは，心理に着目して FTA で分析した例を示す。図 2.6 は CPS（Cyber Physical Systems）*18 のひとつであるスマートグリッドの利用において，「電力

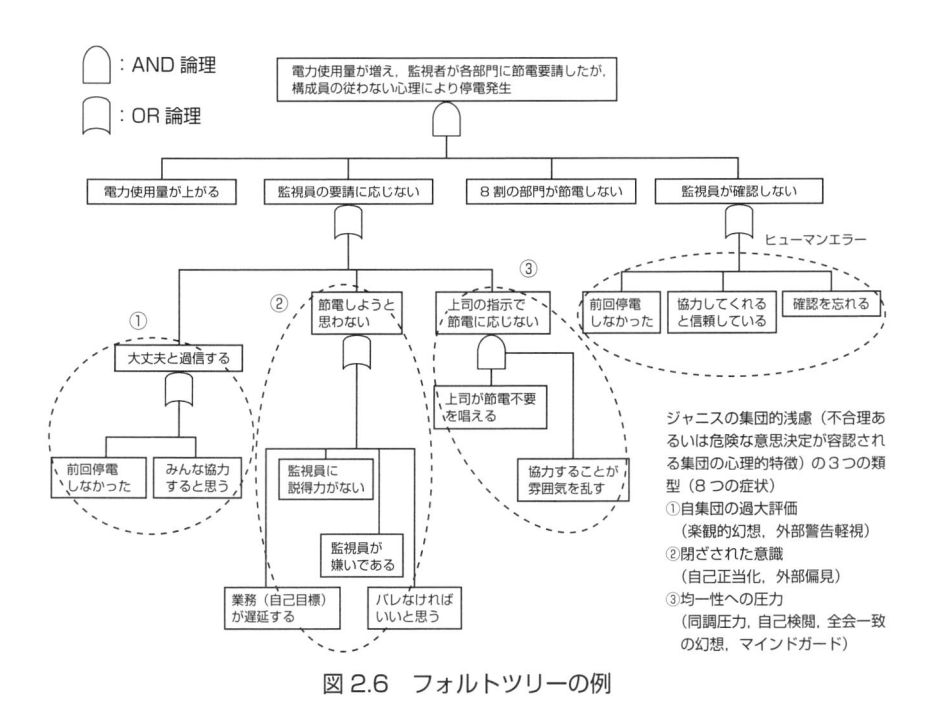

図 2.6　フォルトツリーの例

---

*18　物理システムをコントロールする制御系システムと，業務サービスなどの情報系システムが密接に連携するシステムの総称。連携によってより高度なサービスが提供されると期待されている。

使用量が増え，監視者が各部門に節電を要請したが，各部門の構成員の従わない心理により停電発生」という事象を想定し，その発生原因を FTA で分析した例である。人の行動は，個人の特性と環境・状況の双方で決定されるが，集団内で行動する場合には単独で行動するときと異なる行動（社会的促進，社会的手抜きなど）をとることがある。とくに，集団思考や同調などが，不合理かつ危険な意思決定や，極端な方向に強められる集団極性化が時として生じ，システムの目標の達成を阻む場合があるとされている。ジャニスは集団的浅慮を以下の 3 類型（8 症状）で指摘しており [19]，図 2.6 の分析結果にも顕著に現れている。

① 自集団の過大評価（楽観的幻想，外部警告軽視）
② 閉ざされた意識（自己正当化，外部偏見）
③ 均一性への圧力（同調圧力，自己検閲，全会一致の幻想，マインドガード）

　実際に，食品偽装表示や検査データの改ざんなど，集団の中で個々が判断を間違い，結果として組織が大きな痛手を受け，問題となっているが，これも的確さを欠いた集団意思決定の結果と考えられる。

　制御系システム，情報系システムにおいても集団心理への対応が必要であるが，とくに CPS は，専門家やオペレータだけでなく一般ユーザを含む多様な「人」から構成されるので，個々人のベネフィットが，CPS 全体のベネフィットと必ずしも一致せず，集団的浅慮につながることが想定される。

(2)　システム安全，システムセキュリティ分析

　制御の高度化，システムの複雑な連携が進む CPS において，システムやシステムを構成する装置などのコンポーネントの物理的な故障だけでなく，コンポーネント間やシステム間の相互作用といったシステム特性に関する不備を特定できる分析手法が不可欠になってきている。つまり，システムやコンポーネントが故障せず仕様どおりに正しく動作していても，認識の不整合・矛盾が不

適切な相互作用をもたらし，アクシデントを引き起こすことになるからである。

　STAMP（Systems-Theoretic Accident Model and Process）/STPA（STAMP based Process Analysis）[20] [21] は，システム理論を背景技術とする新しいシステム安全分析手法であり，システム間の相互作用の不備を分析することに適していることから，注目されている。

　STAMP/STPA では，アクシデントはコンポーネントの故障のみを原因とせず，コンポーネントやシステムの振る舞いや相互作用がシステムの安全制約（物理的，人的，社会的制約）に違反した場合に起こると考える。まず，安全制約やアクシデントに至るハザードを定義し，図 2.7 のモデルに則って，分析対象のコンポーネントやシステム間の相互作用を示すコントロールストラクチャ図を作成する。そして，分析したいアクシデントやハザードに関する不適切なコントロールアクションをガイドワードに則って識別する。さらに，不適切なコントロールアクションを誘発する要因 HCF（Hazard Casual Factor）を更なるガイドワードに則って特定する。最後に，特定した誘発要因を制御・除去するための安全制約を導出する。分析対象とするアクシデントやハザードとして，セキュリティインシデントや脅威を設定することで，セキュリティ問題を分析することもできる。現在，STAMP/STPA は多様な分野（航空，宇宙，医療，鉄道，自動車，サイバーセキュリティなど）への適用が進められており，手法の特徴や有効性の明確化 [21] [22]，検証の効率化などが期待されている [23]。

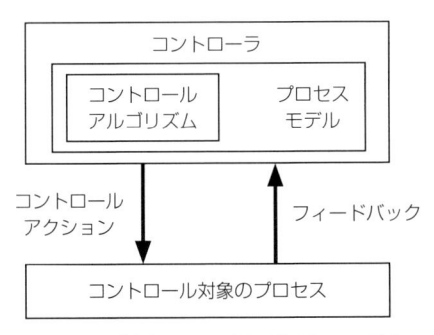

図 2.7　基本となる相互作用のモデル

　表2.7はFTA/FMEAとSTAMP/STPAの特徴の比較である。FTA/FMEAは攻撃シナリオを洗い出して，脆弱性への対策を講ずるブラックリスト型の異常・脅威解析手法である。これに対して，STAMP/STPAは，制御プロセス上の安全制約からの逸脱要因を洗い出してその対策を講ずるホワイトリスト型の異常・脅威解析手法であり，異常・脅威要因の抽出が容易で漏れも少なく，解析手法の利用に必要な専門性も比較的低いことから，一般エンジニアでも容易に習得して活用できる。また，FTA/FMEAなどの手法は，前述したとおりコンポーネントの故障事象の連鎖を分析するが，相互接続などのシステム特性に関する異常を検出するのには適していない。すなわち，FTA/FMEAはコンポーネントの故障原因を詳細に分析することに適し，他方，STAMP/STPAはコンポーネントやシステムの相互作用の不備を特定することに適しており，両者は補完関係にある[22]。

　さて，STAMP/STPAは相互関係の不備検出に適していることから，人とシステムが連携した運用系における分析にも適していると考えられている。つまり，装置・システム間だけでなく，組織，人，装置・システム間の相互作用の不備・不整合要因の検出にも適用できる。そこで不適切なコントロールアクションの誘発要因HCFを探るガイドワードとして，人や組織などヒューマンファクタ系のHCFを特定するための心理的な観点を含むガイドワードの提案がある[24]。たとえば，航空分野のオペレータによる監視制御であるスーパー

表2.7　分析手法の特徴比較

手法 ＼ 相違点	用途	タイプ	アプローチ	分析時間	担当者
FTA/FMEA	コンポーネント故障・異常の深い解析	ブラックリスト型	狭，深	長	専門家
STAMP/STPA	コンポーネント故障・異常に起因しないシステム動作や人，環境との適合性不備の解析	ホワイトリスト型	広，浅	短	専門家 一般エンジニア

バイザリコントロールシステム（SVC）の知見をベースに，HCF ガイドワードを構造化展開して SVC 系解析向けに特化したガイドワードが提案[25] されている。

（3）　リスクコミュニケーション

　技術の進化，IT システムの連携や環境の変化，利用者の変化などが新たな脆弱性を生み，また，あるリスクを対策が必要と考える人もいれば，受容すればよいと考える人もいる。かつて，あるゲームメーカが，ゲーム機とソフトウェアに対する改造，ハッキングをしたハッカーを法的に訴えたところ，「ハッカーの自由を奪った」として，ハッカー達からサーバシステムへの集中攻撃を受ける事態になった。このことは，ゲームメーカやハッカーといった関与者それぞれが，さまざまな思惑や主張をもっており，情報を交換しながら，どのような事態を許容し，問題を解決していくかをともに考えていくことが重要であることを示している。しかし実際には，多くの関与者の合意形成を図ることは困難である。「リスクコミュニケーション」とは，「個人とグループ，そして組織の間で情報や意見を交換する相互作用的過程」と定義されており，関与者間のリスク評価に関するモデル化，リスク評価に基づく対策案組み合わせの決定において，関与者間のコミュニケーションを支援する手法やシステムが提案されている。リスクコミュニケーションにおいては，ツールの支援を得つつ，社会科学や心理学などの幅広い知見を取り入れていくことが不可欠である[16]。

2.5.2　内部不正

　一般的な人を犯罪に加担させてしまう外部不正は，不正の要因が多様であり，要因の特定や除去は困難なことが多い。これに対し，組織内部の人によって引き起こされる不正，いわゆる内部不正は，事例や経験に基づく情報が比較的多く存在することから，その要因の分析や対策の検討が進んできている。

　MERIT（Management and Education of Risks of Insider Threat）[26] では，内部不正をシステムダイナミクス（時間などで動的に変わるシステムのふるまいをモ

デル化する手法）でモデル化し，内部不正者の特徴的な傾向や要因を分析している。

　国内では，情報セキュリティにおける人的脅威対策に関する調査[27]において，米国の内部不正の状況を CERT/CC *19 へのヒアリングと公開資料で調査し，加えて，国内の事件資料 30 件を類型化し，内部犯罪をシステム悪用，金銭的・情報資産獲得のための情報流出，心理的満足のための情報流出，情報・システム破壊に分類している。

　IPA では，組織内部者の不正行為によるインシデント調査[13]，組織における内部不正防止ガイドライン[28]の作成，内部不正による情報セキュリティインシデント実態調査[29]に取り組んでいる。

　また，前述の「不正のトライアングル理論」の他に，犯罪が生じる場所や状況などの環境が犯罪発生の主因であると考え，その環境要因を取り除くことで対策する「状況的犯罪予防論」を援用して，「予防策の増強」，「発覚リスクの増強」，「利得の抑制」，「誘因の加除」，「弁解余地の排除」といったフレームワークに則り内部不正を抑制する方法[30]や，このフレームワークを情報セキュリティ分野に適用することが検討されている[31]。

　ゲーム理論による分析のアプローチとしては，組織内のセキュリティ推進部門と従業員間の関係を非協力の戦略型ゲームとしてモデル化した検討がある[58]。

　なお，生体情報の計測による内部不正へのアプローチについては 2.5.3 (3)で述べる。

2.5.3　情報セキュリティにおける心理的特性の検討

　サイバー空間におけるさまざまな心理が研究対象としても注目を集めているが[32]，情報セキュリティ分野においても，ソーシャルエンジニアリングによ

---

*19　Computer Emergency Response Team Coordination Center の略。米国カーネギーメロン大学のソフトウェア工学研究所に設置され，コンピュータセキュリティに対する調査・研究や事案対処を行っている。https://www.sei.cmu.edu/about/divisions/cert/index.cfm

る攻撃が台頭してきたことを受けて，2000 年代から人を対象にした検討が報告され始めた。主としてサイバー空間における安心感や信頼感などの実態を明確化し，エラーや不正が起こる直前の人の状態を捉えようとする取り組みである。まだまだ手探りの状況が続いており，多くのことがわかっているわけではない。ここでは情報セキュリティ分野における心理的特性への取り組み動向を記す。

(1)　アンケート調査などに基づく分析

　システムの安定性を高める情報セキュリティ技術は重要であるが，それだけではユーザに安心感を与えられないこともわかってきている。しかし情報システムにおける「安心」の定義が定かではないことから，その調査と分析が進められている。

　トラスト（信頼）は，リスクがある状況で目的達成のために個人やシステムを信頼する行為と考えられている。Camp[33] は，情報の分野のトラストを「Security」，「Safety」，「Reliability」から構成されると捉えており，Hoffman[34] は「Security」，「Safety」，「Reliability」だけでなく「Privacy」，「Availability」も含められると考えている。トラスト工学においては，オンラインショッピング時の情報セキュリティ技術に関する「安心感」の調査[35]，情報セキュリティ技術に対する利用者の安心感に関する因子やその構造の分析[36]，ネットショッピングに対する安心モデルの提案[37] などが行われている。

　情報系の学生を対象として，情報システムにプライバシー情報を登録する利用者の安心感の要因を分析した報告[38] では，安心感の要因として「能力・知識」，「ユーザビリティ・プリファレンス」，「身近な他者」，「主観的な信用」，「安全性」の 5 因子が抽出され，対象の評判やうわさ，身近な他者の影響が「安心感」の要因に含まれることを明らかにしている。また，共分散構造分析の結果から，安心感の因子が「論理的要因」と「主観的要因」の 2 つに分かれるという構造が解釈でき，人は両要因から安心かどうかを判断していることや，納得感が安心感の要因のひとつにあることも明らかにしている[39]。

　一方，「不安」に関しては，米国などにおいて Computer Anxiety[40] や
Internet Anxiety[41] の研究がある。インターネットを利用する際の「安心」と
「不安」に関する研究の一環では，10 か国 330 名を対象に実施したインタ
ビューを分析した国際比較調査[42] がある。個人情報保護に関する不安や，イ
ンターネットを利用した金銭的取引に関する不安などに国別に特徴があり，日
本人は不安を感じやすい国民性であると捉えられている。

　また，「労働者の情報セキュリティ意識および行動に関する調査」という
WEB アンケートに基づく分析では，構造方程式モデリングによって，情報漏
洩につながる行動に影響を与える要因として，「不正・違反容認風土」が最も
直接的な要因であり，「コンプライアンス意識」が他の要因に大きな影響を与
える間接的要因であることなどを示している[43][44]。

　IPA は，2005 年から毎年，「情報セキュリティに対する意識調査」という
WEB アンケートにおいて，13 歳以上のパソコンによるインターネット利用者
（5000 名），およびスマートデバイスによるインターネット利用者（5000 名）
を対象に，情報セキュリティ対策の実施状況，情報発信に際しての意識，法令
遵守に関する意識を調査してきている。この調査をもとに，寺田ら[45] は，情
報セキュリティ被害の経験者に対する質問紙調査と，ICT 利用者の行動傾向を
併せて分析することで，被害にあうリスクの高い利用者に共通する特徴を見い
だしている。ウィルス感染やフィッシングメールなどによる詐欺や情報漏洩に
遭いやすい人の特性として，パソコンを使いこなしているという過剰な自信や
セキュリティ対策を後回しにする特性を挙げている。また，澤谷ら[46] は，人
の性格ではなく知識や経験，とりまく環境に注目し，それらと利用者のとるセ
キュリティリスク回避行動との因果関係をモデル化している。

(2)　防護動機理論に基づく情報セキュリティ対策実行意思モデル

　たとえば，コンピュータウィルスに感染し，そのことを認知した場合でも，
人は対策をとらないケースが少なくない。そこで，対策行為に導く施策の検討
において，個人が説得メッセージによって態度を変容させる要因を調査，分析

している。これは説得の心理学における「防護動機理論」に裏付けされた「説得のコミュニケーション」を援用しており，個人の振る舞いを，ボットネット対策を例として，対策推進を促す説得メッセージの影響を質問紙調査と実験で調査した。その結果，質問紙調査で回答された対策の実行意図と，実際の実行が異なるグループが存在することがわかり，そのグループはメディアスキルに有意な差があることが統計的に明らかになっている。情報セキュリティ対策実施を要請する説得メッセージには，理解度を深める情報を盛り込むことだけが有効であり，メディアスキルの低いグループには，送り手の信頼性情報などの周辺情報を含めることや，直感的なメッセージにすることが効果的であることが示されている[47]。

　なお，「防護動機理論」は危機感を喚起する理論であり，人が対処行動をとるのは，直面している問題に脅威を感じ，その問題から自分を守ろうとする動機が生じるためで，その規定要因には「深刻さ認知」，「生起確率認知」，「効果性認知」，「コスト認知」，「実行能力認知」が挙げられる。

　また「集合的防護動機理論」は，「防護動機理論」における対処行動を，個人の脅威の低減で完結するものと，多数の人が集合的に実行することで脅威を低減できるものに区別し，集合的対処行動を予測するモデルである。集合的な要素として「責任認知」，「実行者割合認知」，「規範認知」が加わる[48]。WEBによる質問紙調査と仮想的なウィルス感染経験の実験においては，集団的防護動機理論における前記 8 つの規定要因に，「感染経験」，「IT 知識」，「IT スキル」の 3 つの潜在要因を加えたモデルが提案されている。そして，実験協力者の行動データをこのモデルで分析した結果，「深刻さ認知」，「生起確率認知」，「効果性認知」が対策実行意思に影響を与える要因であることが明らかにされている[49]。

(3)　行動や生体の情報計測に基づく分析

　攻撃を受けている人が，攻撃者にとって都合の良い行動を起こそうとする瞬間や，攻撃者が攻撃を仕掛ける直前の心理状態が検知できれば，警告によって

被害の発生を防ぐことができる可能性が高まる。そこで，利用者側の行動や生体情報の計測に基づくデータの収集と分析の取り組みが進められている。

　システムにログインするためのアカウントを共有している場合，利用者を識別することができないため内部不正を誘発することが多いといわれる。約200名の被験者に，共有アカウント，個別アカウントのいずれかをランダムに付与する。被験者には，検索エンジン評価用の疑似環境にアクセスし，70語の検索ワードのうち，50語以上を検索することを課す。そして，作業の途中放棄や利用規則に違反した行為を不正事象として測定し，その評価結果を統計解析の手法を用いて分析することで，共有アカウントと不正事象の関係性を明らかにする試みがある[50]。

　守谷ら[51]は，約800名の大学職員に対する標的型攻撃訓練時のデータと，任意回答の質問紙調査の結果を解析し，攻撃に対し不適切な行動をとった人に共通する特徴を分析，ならびに機械学習を適用することにより，そのような人を事前に予測できるかを評価した。この結果，質問紙調査からは実験で不適切な行動をとった人物には内向的な傾向があることが見てとれた。また，機械学習を用いた予測では比較的高い精度で標的型攻撃の被害に遭うリスクが高い人物を抽出可能であることが示されている。

　また，人が行動しようとして意図が変化する瞬間を，生体情報の観察により検知できるかを実験により検証する試みでは，脳波，瞳孔径，視線，瞬きの潜時や回数，皮膚電位などの生体情報や生理反応情報とその組み合わせから，意図との相関や因果関係を明らかにすることが期待されている[52]。視線追跡装置を用いて，視線の位置や状態，移動を観測し，視線の素早い動き（サッカード）や滞留（注視）などの視線特徴を識別するフィッシングサイト判別実験から，URLやSSLの鍵アイコンが表示されるアドレスバーを閲覧することの有効性を評価する取り組みがある[53]。

　また，ソーシャルエンジニアリングによる攻撃では，攻撃者と被害者のコミュニケーションにおいて，攻撃者からの情報により，被害者は利益をもたらす行動と誤った認識をしながら，不利益な行動選択に誘導され，自ら意思決定

を下すことになる。そこで，攻撃者と被害者のコミュニケーションを「選択理論心理学」に基づいて分析することで，被害者が誘導される条件が整う瞬間や，被害者が攻撃者の願望を自身の願望とみなす瞬間を検知することで，先制防御につなげることを目指す試みがある[54]。なお，「選択理論心理学」とは，人がどのように現実を認知し，いかに動機付けられて行動するかを，脳の機能をフィードバックシステムとして説明する理論とされている。人種，性別，年齢，応用・適用領域を選ばず，セラピー，マネジメント，学校教育への応用が多い。

　内部犯罪の観点では，Azaria[55] は，悪意のある内部犯と正常者を識別する実証実験を，Amazon Mechanical Turk*20 で集めた約 800 名の被験者を対象に実施した。通常のタスクと悪意の内部犯行タスクを模擬したシミュレーションを行い，被験者の行動を SVM（Support vector machine）により学習し，内部犯罪の識別が可能か否かを検討している。また，クラウドソーシングで集められた被験者を対象に，実組織の職場環境を疑似的に e ラーニングサイトで再現して，グループ毎に異なる内部犯行誘発要因を与え，不正事象の発生数を観測，分析した結果，内部誘発要因と比べ，第三者からの監視が低い場合に不正事象が発生する可能性が高いことや，業務の催促と暴言では，暴言の方が不正事象を発生させる可能性が高いことが確認されている[56]。

　この他に，ソーシャルエンジニアリング対策に新たな動きがある。マインドフルネスは，仏教の信仰的な面を取り払った瞑想プログラムであり，自分の心理状態を認識しつつ，これをコントロールする方法として，うつ病の治療，業務効率や対人関係の向上，ダイエットなどに応用されている。マインドフルネスは，自己認識を深め過剰な自信を抑制したり，セキュリティ対策を後回しにする先延ばし行動の抑制，情報共有をしようとする意識の向上，不正や違反を放置する組織風土の改善につながるとして，ソーシャルエンジニアリング対策プログラムの構築可能性が検討されている[57]。

---

　*20　https://www.mturk.com/mturk/

2.6　まとめ

インターネットの進化とともに，サイバー空間にかかわる人の行動も広く研究対象となってきている[32]。また，情報セキュリティを経済学的観点から考える国際会議 Workshop on the Economics of Information Security が 2002 年から開催されている[59]。一方，新たな価値の創生を目指す CPS（Cyber Physical Systems）や IoT（Internet of Things）は，制御の複雑化や多様な人のかかわりを増やしており，情報セキュリティの重要性も高まっている。人に由来するリスクの低減が期待されているが，人に由来するセキュリティ対策や分析は始まったばかりであり，その難しさもわかりつつある。情報セキュリティの問題には，専門家も一般ユーザも協働して対抗することが必要であり[60]，心理学や社会学，経済学などの知見を援用しつつ，情報セキュリティを支える心理学が進化することを願う。

【参考文献】

[1]　ISO/IEC：Information technology – Security techniques – Information security management systems – Requirements, second edition, ISO/IEC 27001:2013, 2013.

[2]　永井康彦，福澤寧子：STAMP / STPA 手法に基づく安全・セキュリティハザード統合分析方式の提案，電子情報通信学会 SCIS2019, 2C3-1，2019 年

[3]　日本リスク研究学会編：リスク学辞典，丸善出版，2019 年

[4]　吉川榮和：新リスク学ハンドブック―現代産業技術のリスクアセスメントと安全・安心の確保，三松，2009 年

[5]　ISO/IEC 27005:2018：Information technology – Security techniques – Information security risk management, 2018.

[6]　J. Reason：Managing the Risks of Organizational Accidents, Aldershot, 1997.（塩見弘監訳：組織事故，日科技連出版社，1999 年）

[7]　柚原直弘，氏田博士：システム安全学，海文堂出版，2015 年

[8]　警察庁：平成 30 年版警察白書，https://www.npa.go.jp/hakusyo/h30/pdf/07_dai3sho.pdf

[9] Christopher Hadnagy：Social Engineering：The Art of Human Hacking, Wiley, 2010.（成田光彰訳：ソーシャル・エンジニアリング，日経 BP 社，2012 年）

[10] 総務省：国民のための情報セキュリティサイト：事故・被害の事例，http://www.soumu.go.jp/main_sosiki/joho_tsusin/security/enduser/case/index.html

[11] （独）情報処理推進機構：情報セキュリティ 10 大脅威，https://www.ipa.go.jp/security/vuln/10threats2016.html

[12] 織茂昌之，津原進，山本倫子，佐々木良一：情報システムにおけるセキュリティ対策立案のための計画手法，情報処理学会論文誌，Vol.41，No.1，pp.177–187，2000 年

[13] （独）情報処理推進機構：組織内部者の不正行為によるインシデント調査，2012 年

[14] ISO/IEC 31000:2018：Risk management - Guidelines, 2018.

[15] 福澤寧子，嶋田丈裕：サイバーフィジカルシステムのための IT リスクマネジメント技術，電気学会 C 部門論文誌，Vol.136，No.8，pp.546–549，2016 年

[16] 佐々木良一 他：IT リスク学，共立出版，2012 年

[17] ISO/IEC 31010:2009：Risk management - Risk assessment techniques, 2009.

[18] 宝木和夫，佐々木良一，永井康彦：情報システムにおけるリスク解析の一方法，電気学会 C 部門論文誌，Vol.108，No.4，pp.260–267，1988 年

[19] 山岸俊男：社会心理学キーワード，有斐閣双書，2001 年

[20] Nancy G. Leveson：Engineering a Safer World: Systems Thinking Applied to Safety, The MIT Press, IPA/SEC, 2012.1.13.

[21] Nancy G. Leveson, John P. Thomas：STPA HANDBOOK, 2018.

[22] 永井康彦，福澤寧子：新システムセキュリティ解析手法 STAMP/STPA の有効性に関する一考察，電子情報通信学会 SCIS2016，2B3-1，2016 年

[23] 福澤寧子：コントロールストラクチャの状態遷移仕様とガイドワードを用いたシミュレーションによる STAMP/STPA の非安全コントロールアクション識別方式の提案，第 2 回 STAMP ワークショップ，2017 年 11 月

[24] 三原幸博：人と組織に関する HCF ヒントワード提案と事例適用，https://www.ipa.go.jp/files/000056601.pdf

[25] 永井康彦：自動運転系の安全・セキュリティ解析のための自動化ヒューマンファクタに基づく STPA ガイドワードの提案，第 2 回 STAMP ワークショップ，2017 年 11 月

[26] Dawn Cappelli, et al.：Management and Education of the Risk of Insider Threat

(MERIT): System Dynamics Modeling of Computer System, The Carnegie Mellon Software Engineering Institute, 2008.

[27] （財）社会安全研究財団：情報セキュリティにおける人的脅威対策に関する調査研究報告書，2010 年

[28] （独）情報処理推進機構：組織における内部不正防止ガイドライン，2012 年，2014 年

[29] （独）情報処理推進機構：内部不正による情報セキュリティインシデント実態調査，2016 年

[30] 甘利康文，新井真司，内田順一：セキュリティ実現の原点から見た内部要因事故抑制手法，JNSA Press，Vol.33，Special Column，2012 年

[31] 内田勝也：情報セキュリティへの状況的犯罪防止論の適用，http://www.uchidak.com/InfoSecPsycho/20100922_uchidak01.pdf

[32] Patricia Wallace：The Psychology of the Internet (Second Edition), CAMBRIDGE UNIVERSITY PRESS, 2016.（川端康至，和田正人，堀正訳：新版，インターネットの心理学，NTT 出版，2018 年）

[33] L. J. Camp：Designing for Trust, In Trust, Reputation, and Security: Theories and Practice, ed. R. Falcone, Springer-Verlag, pp.15–29, 2003.

[34] L. J. Hoffman, K. Lawson-Jenkins, J. Blum：Trust Beyond Security: An Expanded Trust Model, Communications of ACM, Vol.49, No.7, pp.94–101, 2006.

[35] 藤原康宏，山口健太郎，村山優子：情報セキュリティの専門知識を持たない一般ユーザを対象とした安心感の要因に関する調査，情報処理学会論文誌，Vol.50，No.9，pp.2207–2217，2009 年 9 月

[36] 日景奈津子，カールハウザー，村山優子：情報セキュリティ技術に対する安心感の構造に関する統計的検討，情報処理学会論文誌，Vol.48，No.9，pp.3193–3203，2007 年

[37] 山本太郎，植田広樹 他：インターネット利用の不安に関する日米比較―在日外国人へのグループインタビュー調査―，情報処理学会研究報告，2012-SPT-3，pp.1–7，2012 年

[38] 奥村香保里，毛利公美 他：プライバシー情報を登録する利用者の安心感の要因に関する調査，情報処理学会論文誌，Vol.55，No.9，pp.2156–2167，2014 年 9 月

[39] 奥村香保里，毛利公美，白石善明，岩田彰：情報システム・サービスの利用者の安心感と納得感の要因に関する調査，情報処理学会論文誌，Vol.56，No.3，pp.932–941，2015 年 3 月

[40] Presno, C. : Taking the Byte out of International Anxiety: Instructional Techniques that Reduce Computer/Internet Anxiety in the Classroom, Journal of Educational Computing Research, 18s, pp.147–161, 1998.

[41] Kraut, R., Patterson, M., et al. : Internet paradox: A social technology that reduces social involvement and psychological well-being?, Journal of American Psychologist, 53, pp.1017–1032, 1998.

[42] 関谷直也, 橋元良明, 小笠原盛浩, 中村功, 高橋克巳, 間形文彦, 山本太郎, 千葉直子：ネット・セキュリティにおける「不安」の国際比較, 情報処理学会 CSS2010, 2010 年

[43] 竹村敏彦, 三好祐輔, 花村憲一：情報漏洩につながる行動に関する実証分析, 情報処理学会論文誌, Vol.56, No.12, pp.2191–2199, 2015 年

[44] 竹村敏彦, 島成佳：情報漏洩につながる行動に関するデータ解析, 電子情報通信学会 SCIS2018, 2F3-1, 2018 年

[45] 寺田剛陽, 片山佳則, 鳥居悟, 津田宏：人間の行動特性に基づくセキュリティ対策, FUJITSU.6.1, 2016 年

[46] 澤谷雪子, 山田明, 半井明大, 松中隆志, 浦川順平, 窪田歩：インターネット上のセキュリティリスク回避行動に影響を与えるユーザ要因の相互関係の分析, 情報処理学会 CSS2015, pp.639–646, 2015 年

[47] 小松文子, 高木大資, 吉開範章, 松本勉：情報セキュリティ対策を要請する説得メッセージによる態度変容の調査と実験, 情報処理学会論文誌, Vol.55, No.9, pp.2526–2536, 2011 年 9 月

[48] 戸塚唯, 深田博己：脅威アピール説得における集合的防護動機モデルの検討, 実験社会心理学研究, Vol.44, No.1, pp.54–61, 2005 年

[49] 浜津翔, 栗野俊一, 吉開範章：集団的防護動機理論に基づく情報セキュリティ対策実行意思モデルの提案とその活用, 情報処理学会論文誌, Vol.56, No.12, pp.2200–2209, 2015 年 12 月

[50] 新原功一, 山田道洋, 菊池浩明：共有アカウントは内部不正を誘発するか, 電子情報通信学会 SCIS2017, 1F1-6, 2017 年

[51] 守屋潤一, 孫博, 森達哉, 後藤滋樹：標的型攻撃の被害者となる人を予測することは可能か？, 電子情報通信学会 SCIS2017, 1F1-2, 2017 年

[52] 角尾幸保, 久保博靖 他：人の行動の意図の変化を生体情報から見出すことに関する研究, 電子情報通信学会 SCIS2018, 2F3-3, 2018 年

[53] 宮本大輔：認知心理学とサイバーセキュリティに関する一考察：視線分析の事

例，電子情報通信学会 SCIS2017，1F1-5，2017 年

[54] 角尾幸保，久保博靖，茂真紀，伊丸岡俊秀，渡邊伸行，三河隆夫：先制制御するための攻撃者の意図を検出する手法の研究，電子情報通信学会 SCIS2019，2F2-4，2019 年

[55] Azaria, A., et al.：Behavioral Analysis of Insider Threat: A Survey and Bootstrapped Prediction in Imbalanced Data, IEEE Transactions on Computational Social Systems, pp.135–155, 2014.

[56] 新原功一，菊池浩明：e ラーニングをモデルとした内部犯行の予測因子の識別，情報処理学会 CSS2015，2015 年

[57] 浦澤萌，藤川真樹：仏教の視点から考えるソーシャルエンジニアリング対策（その 2）マインドフルネスの適用可能性，電子情報通信学会 SCIS2019，2F2-2，2019 年

[58] 杉浦昌，諏訪博彦，太田敏澄：組織の IT セキュリティ対策のゲーム理論による分析―セキュリティ推進部門と従業員の指示と実施のゲーム，情報処理学会論文誌，Vol.52，No.6，pp.2019–2030，2011 年

[59] R. Anderson and T. Moore：Information Security economics – and beyond, In CRYPTO 2007, LNCS4622, pp.68–91, 2007.

[60] 松浦幹太：サイバーリスクの脅威に備える，化学同人，2015 年

第2部

心理学的考察

第3章

セキュリティにおけるエラーを
人の認知から捉えなおす

　本章では，セキュリティに影響を及ぼすヒューマンエラー（人間が起こすエラー。以下，エラー）について，新しい枠組みで検討することを試みる。

　3.1 節では，エラーの具体例を見ながら，さまざまなエラーの特徴を概観し，そうしたエラーがセキュリティとどのようにかかわるか，また，セキュリティにとってエラーの構造や仕組みを理解することが必要な理由を説明する。

　続いて 3.2 節では，エラーについてのこれまでの類型化を概観するとともに，そこで見逃されてきた人の内的過程における歪みや誤りを広義のエラーとして取り上げる必要性について述べる。この 3.2 節で広義のエラーとされたものの中から，心理学において一定の知見が得られていて，かつ，セキュリティを考えるうえで示唆に富むと思われる 3 種類のエラーを取り出し，それぞれを 3.3 節から 3.5 節で具体的に紹介する。

　このような構成のため，リスク管理などの文脈で解説されることが多い，従来の類型化に当てはまるエラーについては，その外形的な特徴を記すにとどめている。したがって，それらのエラーの詳細については別途資料（リーズン [2]）を参照していただく必要があることを，あらかじめご了解いただきたい。

3.1 エラーの特徴を概観しエラーとセキュリティとの 関係を考える

　人はあらゆる状況でエラー（誤り）を起こす可能性をもっている。たとえば，自宅で朝起きてからどこかへ出かけるときのことを考えてみよう。

1　歯を磨くときに，歯磨きチューブを手に取るべきところで，日焼け止めクリームのチューブを手に取ってその中身を歯ブラシに付けてしまう。
2　朝食をとるときに，低カロリーの飲み物を選びたいのに，トマトジュースよりもカロリーが高いコンソメスープを選んでしまう。
3　家を出るときに，玄関ドアの鍵をかけなければならないのに，鍵をかけ忘れてしまう。

　上の一連の行為と同じ時空間帯にあるその他の行為，たとえば，服を着替えるとき，朝食でサラダにドレッシングをかけるとき，玄関で靴を履くときなどの行為においてもエラーは起こりうる。また，上に記したエラーは行為として現れたエラー，すなわち，正しい行為との差分によって指摘できるタイプのエラーだが，そうした行為のレベルではなく，感覚や認知，思考など，内的状態だけに現れる「誤り」もエラーと考えるべきかもしれない。こうしたエラーの定義やより広いエラーを含めたエラーの分類については次節で扱うが，ここでは，上に記した3種のエラーを例にして，さまざまなエラーの特徴を概観し，エラーとセキュリティとの関係を考えてみたい。

　まず，さまざまなエラーの特徴，すなわちエラーを理解するために必要とされる観点を整理してみよう。上にあるエラーの例のうち，1と3は，正しい行為とはどのようなものであるかを行為者がわかっているにもかかわらず，何かの事情でそれを実行しなかったり，他の行為に置き換わったりしたエラーである。つまり，1や3は，正しい行為がどのようなものであるかがわかっているのだから，普段はその正しい行為を実行するはずであり，正しくない行為，つまりエラーを起こすことのほうが少ないと思われる。一方，2は，行為のもと

となる判断処理に誤りを生じたか，または，より根源的に，判断の材料となる知識に誤りがあったために生じたエラーである。つまり，行為者は自分の行為がエラーであることを自覚していない可能性が高い。そうだとすれば，この2のエラーは，行為者ではない外部から何らかの対処が行われない限り，同様の状況で繰り返し起こるはずである。

　さらに，1と3との違いを考えてみると，1では本来の行為A「歯磨きチューブを手に取る」ことが，逸脱した行為B「日焼け止めクリームを手に取る」ことに不当に交換されているのに対して，3では本来の行為A「玄関ドアの鍵をかける」こと自体が脱落しているという違いがある。

　こうしたエラーがもつ特徴の違いを理解することは，エラーの発生を予測したり，防止したり，発生による被害を少なくしたり，さらには発生からの回復を容易にするための第一歩となる。それは，エラーの特徴・種類に応じてその発生を予測したり，防止したりするための方法が異なるからである。1のタイプのエラーについては，たとえば，行為にかかわる視認対象や操作対象である歯磨きチューブと日焼け止めクリームの置き場所を一連の操作の流れに照らしてより適切にする，つまり，歯ブラシと歯磨きチューブとを同じ場所に置くことで，エラーの発生（行為の不当な交換）を防ぐことができるはずである。また，3のタイプのエラーについては，たとえば，お出かけ前の行為の流れをルーチン化（固定化）することで，エラーの発生（行為の脱落）を防ぐことができるはずである。そして，まだエラーを生じていないとしても，上のような対策がとられていない状況では，エラーの発生が十分に予見されることがわかる。さらに1や3と同じタイプの誤りで，それが深刻な影響を及ぼす場合には，より高いコストを支払ってでも，強力な対策を講じることが必要となる。たとえば，医療過誤事故として，検体を取り違えるエラーは1と同じタイプのエラーだし，投薬を忘れるエラーは3と同じタイプのエラーであるが，それぞれ1や3の事例に比べて深刻な問題を引き起こす。こうした状況ではチェックリストまたはそれに近い仕組みを導入することがエラー防止に有効であることが知られていて，実際，それは多くの現場で導入・実践されている（ガワンデ[3]）。

　一方，2のタイプのエラーについては，その原因が知識や判断の過程にあるのだから，行為もしくはその計画段階に対して介入するのではなく，知識や判断の過程に対して介入することが必要と思われる。すなわち，事前にコンソメスープとトマトジュースのカロリーを知らせて，その正しい知識に基づいてどちらのカロリーがより低いのかを判断できるようにしておくことで，2のエラーを防ぐことができるはずである。ただし，この2のタイプのエラーへの対応で考えるべき問題として，そうした正しい情報を与えることがどのような状況でも有効に働くのか，ということがある。たとえば上記のようにコンソメスープとトマトジュースのカロリーを知らせて，その直後に「コンソメスープとトマトジュースとでカロリーがより低いほうを選択する」という課題を行った場合には，エラーを防ぐことができるかもしれない。しかし，同じ選択肢の事例でも時間が経過してから対したときや，上の情報を適用すれば論理的には正しく判断できるはずの類似事例に対したときに，エラーを防ぐことができるかというと，それは楽観できるものではない。その理由は，さきのエラーとなった判断は，たとえば「さらさらしている飲み物はドロッとしている飲み物よりもカロリーが低い」とか「甘味が少ない飲み物は甘味が多い飲み物よりもカロリーが低い」という信念によって支えられている可能性があるからである。そして，こうした「さらさらしている飲み物はドロッとしている飲み物よりもカロリーが低い」とか「甘味が少ない飲み物は甘味が多い飲み物よりもカロリーが低い」などのように，主に生活経験から主体的に構成され，一般的な事物・出来事を説明したり予測したりする概念・規則は，それに抵触する反例を突き付けられても修正されにくいことが知られている。これがどの程度難しいものなのか，また，どうすればいいのかについては，次節以後で検討する。

　さて，ここでもうひとつ大きな問題がある。それは，こうしたエラーとセキュリティとの関係をどう考えるか，ということである。人のエラーにかかわる問題は，従来，人間工学，安全工学などにおいてリスク管理の一要素として取り上げられており，さきに記したようにエラーによる被害を減らす防ぐこと

が意図されている。そもそもエラーは主体の外に悪意がなくても発生するものであることから，悪意の介入を想定するセキュリティ管理にはあまり関係ないという考え方があるかもしれない。しかし，ここでは，以下の観点から，エラーはセキュリティ管理に重要な問題となることを確認しておきたい。

① エラーの原因が外部から制御可能である場合，攻撃者がそれを制御して，エラーを発生させたり増加させたりすることを狙う攻撃をする，または，そうして増加させたエラーに乗じて別の攻撃の成功率を高めるかもしれない。

② エラーの原因が外部から制御可能でなくても，環境情報などからエラーの発生や増減や内容を予測できる場合，攻撃者がその予測結果に合わせて攻撃の成功率を高めるかもしれない。

　いずれも，行為としてのエラーが発生する前の仕組みに攻撃者がかかわり（予測，制御），それによって攻撃を成功させようとするものである。こうした攻撃者の試みに対抗するためには，行為としてのエラーだけでなくその背後にある仕組みにも注目する必要がある。

　そして，この背後の仕組みは複数の内的過程から構成されていて，ある状況やある分析の単位では行為としてのエラーをもたらさなくても，別の状況や別の分析の単位ではエラーをもたらすことに注意が必要である。たとえば，事例の2をもう一度考えてみよう。そして，この2において「ダイエット効果が高い飲み物を選ぶ」というより上位の意図があることを想定してみよう。そうすると，

ダイエット効果が　　　$\xrightarrow{\ a\ }$　　低カロリーの　　　$\xrightarrow{\ b\ }$　　コンソメスープを
高い飲み物を選ぶ　　　　　　　　　飲み物を選ぶ　　　　　　　　　選ぶ

という内的過程を想定できる。ここで，最初の「ダイエット効果が高い飲み物を選ぶ」という意図から内的過程 a を経て導かれるものは，本来は「低糖質の飲み物を選ぶ」という判断になるべきかもしれず，そうだとすると「低カロ

リーの飲み物を選ぶ」という判断は誤っていたと考えることもできる。そして
「低カロリーの飲み物を選ぶ」という意図から内的過程 b を経て導かれた「コン
ソメスープを選ぶ」についても誤っているのだから，最初の意図から行為に
至るまでには，内的過程 a と内的過程 b という複数の内的過程で二重に誤りが
含まれていることになる。その一方で，同じ出来事を，

$$
\text{ダイエット効果が} \quad \xrightarrow{\ c\ } \quad \text{コンソメスープを}
$$
$$
\text{高い飲み物を選ぶ} \qquad\qquad \text{選ぶ}
$$

という意図と行為との関係として考え，かつ，「ダイエットには低カロリーよ
りも低糖質のほうが効果的である」と仮定するならば，最初の意図と行為とは
正しく対応していてエラーは生じていないことになる。さらに，そもそも「ダ
イエット効果が高い飲み物を選ぶ」という上位の意図を想定せずに，本節の前
半で検討した「低カロリーの飲み物を選ぶ」という意図と行為とを対応付け
るとすれば，ひとつの内的過程 b にエラーを生じた事例と捉えることもできる。
いずれの捉え方も誤っているとはいえないが，しかし，この事例から考えられ
るエラーを包括的に防ぐためには，より上位の意図を想定し，また，内的過程
に注目して，そこに二重の誤りがあるものと想定し，それらに介入することが
必要である。すなわち，行為としてのエラーが発生していなくても，行為の背
後にある仕組みとそこで起こっている「誤り」に注目して，それを説明したり，
予測したり，制御したりすることが必要ということである。
　このようなことから，次節以後でエラーについて検討する際には，行為とし
てのエラーだけでなく，必ずしも行為として表出せず内的状態にとどまる理
解・判断などにおける誤りや歪みについても広義のエラーとして取り扱うこと
とする。

3.2　エラーの定義と分類を再考する

　エラーの定義はひとつではないが，リスク管理の分野で多く参照されるものとして，リーズン[2] による「『計画された内的または外的な行為』が『意図された結果』を導けなかったもの。偶発的事情に起因するものを除く」という定義がある。リーズン[2] は，この定義に引き続いて，行為者の計画とエラーとの関係に基づいて，エラーを以下の 2 つに分類している。

　A：行為者が計画した行為と実際の行為とが食い違った結果としてのエラー
　B：行為者が計画した行為がその計画どおりに実行された結果としてのエラー（ミステイク，mistake）*1

　そして，A) については，最終的な行為の状態に注目して，さらに以下のように細分化している。

　A1：行為者が計画した行為 X が計画していない行為 Y に交換されたり，不要な行為 Z が発生したりしたエラー（スリップ，slip）
　A2：行為者が行為 X を計画していて，その計画によれば行為 X が発現すべきところで，計画自体が失念されてしまい，行為 X が脱落したエラー（ラプス，lapse）

　上に記した「スリップ」，「ラプス」，「ミステイク」というエラーの 3 分類と，3.1 節の最初に例示した 3 つのエラーとの対応関係は次のようになる。

---

*1　リーズン[2] は，B のミステイクについて，その誤りがどの内的過程に依拠したものであるかによって細分化している。本書では，エラーが依拠する内的過程の違いを，エラーを分類する根本的な基準として検討したため，リーズン[2] とは異なる細分化をする部分がある。

1 歯を磨くときに，歯磨きチューブを手に取るべきところで，日焼け止め
クリームのチューブを手に取ってその中身を歯ブラシに付けてしまう。
  → 行為者は「歯磨きチューブを手に取る」と計画していたのに，計画
  していなかった「日焼け止めクリームのチューブを手に取る」に交
  換されたのだから，A1 のスリップに該当するエラーである。

2 朝食をとるときに，低カロリーの飲み物を選びたいのに，トマトジュー
スよりもカロリーが高いコンソメスープを選んでしまう。
  → 行為者は「低カロリーの飲み物を選んで飲む」ために「コンソメ
  スープを選んで飲む」と計画していた。事実はトマトジュースのほ
  うがコンソメスープよりも低カロリーなので，上記の計画は誤って
  いる。そして，その「コンソメスープを選んで飲む」という計画ど
  おりに，実際に「コンソメスープを選んで飲んだ」。これは「低カ
  ロリーの飲み物を選んで飲む」意図に反する結果をもたらす行為と
  なっているが，計画自体が誤っていて，計画と行為とは一致してい
  たのだから，B のミステイクに該当するエラーである。

3 家を出るときに，玄関ドアの鍵をかけなければならないのに，鍵をかけ
忘れてしまう。
  → 行為者は「玄関ドアの鍵をかけなければならない」と知っていて，
  その知識のもとに，いつかの時点までは「玄関ドアの鍵をかける」
  ことを計画していた。ところが，実際に家を出るタイミングには，
  その計画が失念されてしまい，「玄関の鍵をかける」行為が行われ
  ていないので，A2 のラプスに該当するエラーである。

リーズン[2] 以外でも，一般的に，エラーは，もともとの意図と行為との食
い違いが明らかになった時点で認定されるものとされている（JIS Z 8115[4]，
芳賀繁[5]，他）。こうした考え方に立つと，行為として現れないものはエラー
とみなされないということになる。しかし，前節に記したように，セキュリ
ティの問題としては，行為としてのエラーの背後にある知識ベースやそれを処

理する内的過程に対して攻撃者が予測や制御をすることを想定し，そうした攻撃者による予測や制御の対象とされる知識ベースやその処理の脆弱性を，エラーまたはそれに準じた歪みとして扱うことが必要となる。その一方で，行為として現れない内的過程を問題にするとなると，それを本書の限られた紙面で網羅的に扱うことは困難である。そこで，本章では，理解・記憶や推論・判断にかかわる心理学において一定の知見が蓄積され，かつ，セキュリティに大きくかかわると筆者が考えたものに限って取り上げることとする [*2]。

　このようなことから，本節ではエラーを次のように分類した。

　a）　知識ベースに起因するエラー（バグ）
　　a1）　概念バグ
　　a2）　手続きバグ
　　a3）　記憶の変容や検索エラー
　b）　推論・判断段階にかかわるエラー・歪み
　　b1）　演繹推論における意味解釈と視点に起因するエラー
　　b2）　判断過程における歪み
　c）　行為と直結・一体化した確率的に発生するエラー
　　c1）　行為の不当な交換や挿入
　　c2）　行為の脱落

　ここでは，まず，上の各分類枠に当てはまるエラーの例を示し，次いで，それぞれの分類に沿った詳細を次節以後で検討することとする。

[*2]　知覚・感覚にかかわる問題，運動制御にかかわる問題，対人関係にかかわる問題，（本節での分類よりもより一般的な）推論・判断過程にかかわる問題は，今回は考慮していない。また，記憶や推論・判断や行為の計画などの内的過程一般に対して過剰な負荷がかかったことによる問題についても，今回は考慮していない。

　a）の知識ベースに起因するエラーは，特定の領域についての知識（領域知識）すなわち特定の知識ベースに原因があるエラーである。そのうち，a1）の概念バグの例としては，「物体が移動し続けるためには外部から物体に対して力が加えられ続ける必要がある」という宣言的知識に誤りがあるために，「走っている車の窓から物を落とすとその物には力が加えられなくなるので鉛直に落下する」と予想する事態が該当する。また，a2）の手続きバグの例としては，「ビデオデッキの録画予約操作で録画時間重複時の対応操作を知らない」という手続き的知識の誤り（欠落）があるために，「録画予約操作で録画時間が重複していると，警告表示を正しく解釈できず，また適切に操作できず，録画予約に失敗する」という事態が該当する。さらに，a3）の記憶の変容や検索エラーは，人が先行知識やその状況での目的などに応じて得られた情報に価値づけをするために，同じ話を聞いてもある人が聞き逃す部分・内容と別の人が聞き逃す部分・内容とが異なっている事態が該当する。これら a1），a2），a3）は，すべて，リーズン [2] の分類ではミステイクに相当するエラーだが *3，表出した行為と計画との関係だけでなく行為の背後にある知識ベースのタイプや性質の違いに注目すると a1），a2），a3）の区別が必要となる。

　一方，b）の推論・判断段階にかかわるエラー・歪みや c）の行為と直結・一体化した確率的に発生するエラーは，特定の処理過程に原因があるエラーである。そのうち，b1）の演繹推論における意味解釈と視点に起因するエラーの例としては，「スーパーに買い物に来た家族連れが『お一人様1個限り』の特売品をレジで精算するときに，客は買い物かごの特売品の数が家族の人数よりも少ないことを警戒してチェックするのに対して，レジの店員は買い物かごの特売品の数が家族人数よりも多いことを警戒してチェックする」という，問題解決者の視点の違いによって同一規則の適用に対する誤り方が変わる事態が該当する。また，b2）の判断過程における歪みの例としては，「3万円の旅行商品の

---

*3　正確にはリーズン [2] のいうミステイクのサブカテゴリである知識ベースの誤りに相当する。

コストパフォーマンスを評価するときに，この商品を単独で見た場合と，それに価値が低い些細な追加要素をもつ 4 万円の商品を見た後でこの商品を見た場合とでは，後者の場合のほうがコストパフォーマンスを高く評価する」という，選択肢間での意思決定が歪む事態が該当する。最後の c1) の行為の不当な交換や挿入と c2) の行為の脱落は，それぞれリーズン[2] のスリップとラプスに相当するものであり，3.1 節に記した例が当てはまる。

　ここに示した分類項目のうち，セキュリティの観点からとくに慎重に理解しておくべきは，エラーの発生が容易に予測できないもの，単純な対策ではエラーを制御しにくいもの，および，行為者自身にエラーが認識されにくいものである。これには，a1) の概念バグ，b1) の演繹推論における意味解釈と視点に起因するエラー，b2) の判断過程における歪みが，該当すると思われる。しかし，これらは，リーズン[2] ではエラーもしくはエラーの背後にある仕組みとはみなされていない。そこで，次節以後では，リーズン[2] ではエラーとして扱われていないこの 3 つの広義の「エラー」を中心に，その詳細を解説する。

　一方，a2) の「手続きバグ」，a3) の「記憶の変容や検索エラー」，c1) の「行為の不当な交換や挿入」，c2) の「行為の脱落」については，リーズン[2] を含めて，リスク管理におけるエラーの検討の中で繰り返し取り上げられていることから，本章では詳細を省くこととする。

3.3　概念バグと素朴理論によるエラー

　本節では，3.2 節におけるエラーの分類で，知識ベースに起因するエラー（バグ）のうち「概念バグ」について解説する。

　概念バグとは，ある領域について獲得している概念や規則などの宣言的知識が誤っていて，その結果，その領域の現象について説明や予測をする際におおよそ一貫した誤りを導くものである。概念バグは，行為としてのエラーを生じるだけでなく内的過程としての説明や予測の誤りを生じる原因ともなる。概念バグの中には，「ちょっとした勘違い」に相当する断片的知識の誤りもあるが，

特定領域の現象についての誤った概念・規則が相互に因果的に結びついていて，その領域の現象を説明したり予測したりする際にそれらの誤った知識群が一貫して用いられるような大規模で構造的なものもある。後者のような大規模で構造的な概念バグは，演繹的で因果的な論理構造をもち，その内容は誤っているが，科学理論に類似した性質を示すことから，素朴理論と呼ばれることがある。素朴理論の多くは，人が日常経験から主体的に構成して獲得したものであり，それゆえ，科学理論を教授されていない子どもでも獲得している素朴理論（素朴心理学，素朴物理学，素朴生物学など）があることが知られている。概念バグのうち，素朴理論と呼び変えられるような大規模で構造的なものは，単純な教示によって修正することが困難であるという特徴をもつ。つまり，素朴理論に相当する概念バグによるエラーは，それを回避することが困難だということである。本節では，主にこの素朴理論に相当する概念バグを取り上げ，それが具体的にどのように修正困難な性質を示すのかについて説明する*4。

　3.2 節で取り上げた事例 2 の背後に想定される「さらさらしている飲み物はドロッとしている飲み物よりもカロリーが低い」とか「甘味が少ない飲み物は甘味が多い飲み物よりもカロリーが低い」という概念・規則は，概念バグの一例である。他にも，「植物の成長は根から吸い上げられる栄養による」＝光合成の機能を無視して根の機能を過剰評価する，とか「電気機器はプラス極からの力とマイナス極からの力が衝突する力で作動する」＝燃焼現象から類推し

---

*4 「特定領域に対して強固に働く概念バグ」がどのような仕組みで働くかについては，「特定領域の知識が相互に因果的に関係づけられることで結びついて一貫した説明や予測をもたらす素朴理論として構成されている」という考え方ではなく，「現実のさまざまな現象を当てはめる最小単位の現象認識図式（p-prim ＝ phenomenological primitive）が強固だがバラバラに獲得されていてそれらが結果的に不適切に選択されている」という考え方（diSessa [6] [7]）も有力である。いずれの考え方も，ある種の概念バグが形式的教授（学校教育など）以外の経緯で獲得され強固に作用して容易に修正されないことを説明するものであり，本節の範囲では大きな違いをもたらさないので，以下では原則として素朴理論の考え方と用語に基づいて説明する。

て電極や電子の流れを無視する，なども，多くの人に見られる概念バグと考えられる。さらに，自然現象を対象にしたものだけでなく，「銀行はお金を預かる組織で，利子や人件費は税金で賄われる」＝貸付利子による利益を無視する，とか，「商品はたくさん売れると値段が高くなる（または安くなる）」＝生産システムと需要の間にある構造的で相互依存的な関係を無視する，のように，社会現象を対象にした概念バグも考えられる。ここに示した概念バグは，人によっては素朴理論といえるほど強力で修正が困難なものである可能性もあるが，正しい情報を与えることで容易に修正できる断片的な知識である可能性も考えられる。一方，誤った知識が相互に因果的に結びついて体系化されていて明らかに素朴理論といえるような概念バグもある。たとえば，過去の社会で実際に受け入れられていた誤った科学理論に対応した概念バグがそれに相当する。酸化（燃焼）についてのフロギストン説，太陽系惑星と地球の天体運動についての天動説，静力学についてのアリストテレス力学などは，過去において知識人層にも支持された誤った科学理論であるが，それらに近い内容の素朴理論（素朴化学，素朴天文学，素朴物理学など）は現代の子どもや成人にも獲得されていることが多い。ここでは，そうした素朴理論としての概念バグの中からアリストテレス力学に相当する素朴物理学を例にして，その性質を説明する。

　学校教育において静力学の試験問題に正解できる，つまり，アリストテレス力学ではなくニュートン力学に相当する正しい知識を得ていてそれを筆記試験において使える状態にある高校生は多くいる。そうした彼らが，次のような問題を与えられるとどのように解答・説明するだろうか。

A）　図 3.1 は，作動している掃除機のヘッドの先に紙が押し付けられている状態である。どうしてこのような状態が起こるのか説明せよ。

図 3.1　掃除機のヘッドと紙

B）　図3.2は，走行中の電車の網棚から落ちる荷物を電車の外から眺めたところを示している。この荷物はどのような軌跡を描いて落ちるか，図に描き入れよ。

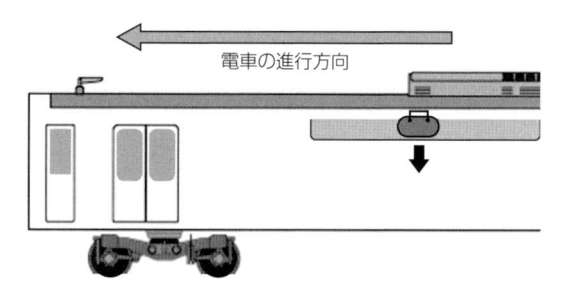

図3.2　走行中の電車の網棚から落ちる荷物

C）　図3.3は，地上から上方へ投げたボールが地上に落ちるまでの間のボールの高さを0.1秒単位で示したものである。それぞれの時点でボールに働いている力を図に描き入れよ。

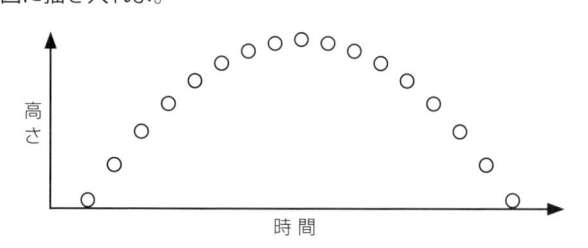

図3.3　上方に投げられたボール

　A）の問題に対しては，「掃除機が紙を吸おうとする・吸いつける」などの"吸引"，すなわち「真空や薄い空気が何かを吸う・吸う力をもつ」という概念に基づく説明が多く現れる（麻柄[8]）。しかし，正しくは，「掃除機の外の空気が紙を掃除機のパイプ方向へ押す力（大気の圧力）が，その反対方向の力（掃除機内のパイプの中の空気が紙を掃除機の外へ押す力）に勝るので，紙が掃除機のパイプ方向へ押し付けられる，ということになる。

　B）の問題に対しては，「荷物をのせていた網棚よりも後方に落ちる」図を描く誤答が多数を占める（McCloskey, et al.[9]）。ただし，同じ図3.2の図を用い

ながらも，問題解決者の視点を電車の中に誘導して答えさせると，「網棚の真下の床に落ちる」図を描く正答が増えることも知られている。

　C) の問題に対しては，ボールが最高点に達するまではボールを起点としてしだいに短くなっていく上向き矢印が描かれ，最高点のボールには矢印が描かれなくなり，ボールが最高点から落下点に達するまではボールからしだいに長くなっていく下向き矢印が描かれる，という，ボールの時間当たり移動量（速度）に対応した矢印が描き込まれた誤答が多数を占める（Clement[10]）。しかし，正しくは，どの位置のボールに対しても，同じ長さの下向きの矢印（重力）だけが描き込まれるべきである。

　こうした反応はいずれもニュートン力学，もしくはこの世界の理想化された環境条件（一様な重力がある，空気抵抗がない，など）に反した誤答である。そして，ここでの回答者は，ニュートン力学の試験問題に正解できるにもかかわらず，上の問題に対する自分の誤答を指摘されてもその誤りを実感できないことが少なくない。このように，素朴理論をもつ学習者は，正しい知識を与

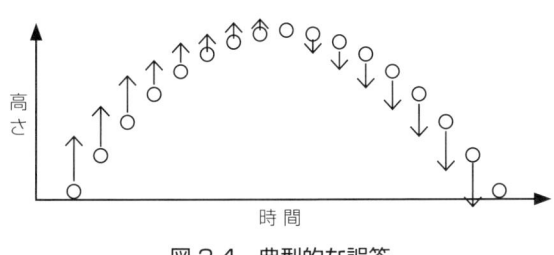

図 3.4　典型的な誤答

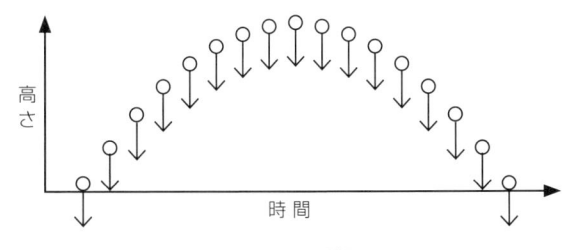

図 3.5　正解

えられて，特定の状況，たとえば試験においてその知識を使えるようになった
としても，それは，その正しい知識と対立する（矛盾する）素朴理論を修正す
ることにはならず，別の状況，たとえば上の問題 A）から C）に出会うと，素
朴理論に沿った誤りを示しやすい。つまり，素朴理論のような概念バグに基づ
いたエラーは，正しい情報を与えることで一時的・表面的にそのエラーを回避
することができるかもしれないが，素朴理論自体を修正することは難しいため，
何かの事情で同様のエラーが再発する可能性があるということである。また，
歴史上の誤った科学理論の顚末を参照すればわかるように，学習者は，素朴理
論への反例を示されて「だからあなたの考え（素朴理論）は誤っている」と指
摘されたとしても，「その反例は特殊な条件での例外事例だから普通はそうな
らない」と考える傾向がある。つまり，素朴理論の核となる誤った知識を修正
せずに，例外事例を説明するための補助仮説（それも誤っている）をつけ足し
てしまい，素朴理論全体を複雑にしながらそれを守る方向に学習を進めるので
ある。たとえばフロギストン説に対して燃焼後の物体が重くなるという反例を
示すと，フロギストン説の信奉者は「フロギストンは負の質量をもつ」という
補助仮説をフロギストン説に追加することで，フロギストン説全体を棄却せず
に理論を拡大したことが知られている。同様に，問題 B）について，電車の網
棚から荷物が真下の床に向かって落ちる様子を見せたり説明したりしても「そ
の映像では棚から落ちた荷物が電車と一緒に前方に動いている空気に押された
ので真下の床に落ちた（車内に空気がなければ網棚よりも後方に落ちる）」と
いう補助仮説を導入する学習者は少なくない。

　本節で取り上げた素朴物理学の場合，生活の中で見られるいくつかの疑いの
ない基礎事実（剛体は真下に落ちて地面にぶつかって止まる，紙はゆっくりふ
わふわと下に落ちるなど）から構成されたために，たとえば「空気がなければ
剛体も紙も同じ速度で落ちる」などの正しい説明が与えられても素朴理論全体
が修正されることは難しいと考えられる。では，素朴理論全体を修正するため
にはどうすればよいのだろうか。素朴物理学に限らずさまざまな素朴理論を修
正するためには，たとえば以下のような考え方に基づいた介入・教育が試みら

れ，それぞれ一定の効果が示されている [*5]。

1 既存の素朴理論では説明困難な事例が蓄積され，かつ，正しい理論ではその事例を説明可能であり，かつ，正しい理論が近接する他の理論と整合的に結びついて生産的であることが理解できる状況を構成する（Posner, et al. [11]，Strike & Posner [12]）。さらに，動機づけや学習目標などの周辺要因を含めて，正しい理論を評価する状況を構成する（Strike & Posner [13]）。

2 当該領域を記述する個々のカテゴリ（存在論的カテゴリ）を正しい理論のそれに交換・誘導する（Chi [14] [15]）。多くの場合，それは，文化的な交わりの中で長期的に取り組まれるものであり，一時の形式的教授によって達成できるものではない（Vosniadou & Brewer [16]）。

3 人は「反射」や「破壊」や「変形」などの最小単位の現象認識図式（p-prim）をいくつか持っていて，それら個々の現象認識図式の内容は間違ったものではない。ただし，具体的な現象についての説明や予測を導く際に，その現象に当てはめたり組み合わせたりする現象認識図式が不適切であるために，誤った説明や予測が導かれたものがバグであると考えられる。したがって，バグを修正するためには，個々の現象認識図式自体を否定するのではなく，具体的な現象に対して適切な現象認識図式を当てはめるよう促すことが必要とされる（diSessa [7]）。

ただし，上記のいずれも時間とコストがかかるものであり，素朴理論の修正が容易ならざるものであることを示している。また，素朴理論ごとに，知識が獲得される経緯が異なり，知識の構造も異なり，また，そこに介入・教育するために利用可能な資源も異なるのだから，適切な修正方法やその難易度は簡単に判断することはできない。このような事情を考えると，リスク管理やセキュリティ管理の観点からは，素朴理論を修正することを試みるとしても，そうした素朴理論によるエラーが容易に修正できないことを前提に，エラーが発生する状況を認識し，エラーが発生した後の対策を検討することが求められる。

---

*5 この中の2と3とでは，それぞれがよって立つ素朴理論を説明する理論的枠組みに互換性がないため，それぞれの対策方法の記述の間に矛盾がみられる。

3.4　演繹推論における意味解釈と視点の違いによるエラー

　本節では，3.2 節におけるエラーの分類で，推論・判断段階にかかわるエラー・歪みのうち「演繹推論における意味解釈と視点に起因するエラー」について解説する。

　人の日常生活には演繹推論に相当する活動が多数みられる。たとえば，外界の対象を既知のカテゴリに分類することも，その対象に対して特定の操作を加えることも，より一般化すれば，既有知識「条件 X において行為 Y を行う」という最も基本的な演繹規則の前件項に外界からの入力を当てはめた演繹推論と考えることができる。そこまで一般化しなくても，対象を所与の条件に当てはめて理解，予測，操作したり，対象が所与の条件に当てはまるかどうか確認，判断したりする活動は，演繹推論に基づいていると解釈するのが自然である。一方，正しい判断とは結論を出すまでの過程が論理的であるという意味であり，そこでいう論理的とは主に演繹推論規則に適合することだ，というのも受け入れられやすい主張に思われる。こうして，人の知的な振る舞いの多くが演繹推論によって支えられていると考えるとするならば，最も基本的な演繹推論規則である真偽二値を取る論理条件文「p ならば q である」は，どのような状況でも容易に理解され利用できるはずのものである。

　Wason[17] は，上の主張に対応する次のような問題を使って実験を行った。

A)　図 3.6 のカードは，一方の面にアルファベットが，もう一方の面に数字が書かれています。「カードの片面が母音であるならばその裏面は偶数である」という規則を確かめるためには，下のカードのうちどれを裏返す必要があるでしょうか。

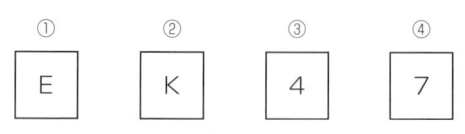

図 3.6　Wason[17] の 4 枚カード問題

　これは，以後，「Wason の 4 枚カード問題」と呼ばれるようになった問題で，「p ならば q である」という規則に対する反証事例を検出するよう求める問題である。この問題では，演繹推論を妨害する恐れがある有意味語は論理式内やカード上に書かれておらず，しかも，操作対象となるカードが目前に提示されていることから，演繹推論する際の認知負荷が低い問題であるように思われる。しかしながらこの問題 A) に「①と④」と正解する者は 1 〜 3 割に限られることが実験により何度も確かめられることとなる。

　一方，Johnson-Laird, et al. [18] は，次の問題を使って実験を行った。

B)　あなたは，郵便局でベルトコンベアの上の封筒をより分ける仕事をしています。ここでのあなたの任務は，「封筒が封印されていたら 5 ペンスのスタンプが押されている」という規則を確かめることです。図 3.7 の封筒のうちどれを裏返す必要があるでしょうか。

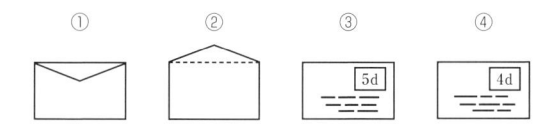

図 3.7　Johnson-Laird, et al. [18] の 4 枚カード問題

　これは，上の A) と同等の論理構造をもつ問題であるが，しかし，現実世界での特定状況を文脈として付与された文面（主題化）になっている。そして，この問題に対しては，かつてイギリスに存在していた開封郵便物に対する郵送料減額制度を経験した者，および，当該制度を経験していないがその趣旨を説明された者は，「①と④」と正解する率が高く，一方，当該制度を経験せず，かつ，その趣旨を説明されていない者は問題 A) と同様の低い正解率にとどまることが確認されている。

　上に記した一連の事実および関連する実験の結果から，人の演繹推論について，いくつかのことが主張できる。まず，人は，問題 A) のような形式論理を対応させやすい問題について，形式論理的には誤りとなる対応（エラー）をすることがあり，そこでは問題文と目前のカード群に形式論理を当てはめるよう

な心的過程では対応していないことが推察される。その一方で，問題 B) の内容として記されている郵便制度を直接経験していなくてもその制度の合理性を説明されれば正しい判断を導けることから，問題 B) のように主題化された問題について，自分の過去経験をそのまま当てはめて対応しているわけではないことも確かである。すなわち，人は形式論理に従えば容易に対応できるある種の問題に対して，形式論理を使って（形式論理に従って）対応するのではなく，かといって，自己の経験に直接従って対応するわけでもなく，与えられた問題内に記された行為や状態やそれらの間に存在する意味，すなわち状況の意味を解釈し読み取って，「なるほど」と思える意味を見いだせると，その意味内容に適合した結論・判断を導いているように思われる。そして，問題 B) の場合には，そうして意味内容に導かれた結論・判断が，結果的に形式論理上の正解と一致しているため，正解したとみなされることになった，ということである。一方，問題 A) に対したときのように，そうした「なるほど」と思える意味を見いだせないと，従うべき意味内容もなければ形式論理に従うこともできず，後件肯定や前件否定のエラーを誘発してしまうことになる。そうだとすると，演繹推論を求める問題に対してエラーを導くかどうかは，その問題状況について「なるほど」と思える解釈が得られるかどうかがひとつ目の鍵であり，さらに，そうした解釈が得られたとして，その意味内容に従った結論・判断が，結果的に形式論理上の正解と一致する問題（状況の意味）かどうかが二つ目の鍵である，ということになる。

　こうした「なるほど」と思える解釈が得られる条件を考えると，義務や許可の状況や同値関係の状況を表現した命題が類型として見いだせることが指摘されている（Cheng & Holyoak [19]）。たとえば，「（空港では）パスポートを持っているときだけ，国際線出発ロビーに向かうことができる」という言明においては，「パスポートを持つ」という行為と「国際線出発ロビーに向かう」という行為との間に，義務や許可の状況を解釈できる。この条件では，我々は「国際線出発ロビーに向かうのならば，パスポートを持っていなければならない」という意味内容的にも形式論理的にも適切な言明とあわせて，「パスポートを

持っていれば，国際線出発ロビーに向かっても構わない」という意味内容的には適切だが形式論理的には不適切な（同値にならない）言明をも瞬時に導くことができる。これは，我々がパスポートを持つことや国際線出発ロビーに向かうことの意味を理解しているからこそ可能になることである。もしも，そうした意味を理解していないとすれば，字面すなわち統語情報として「〜しなければならない（義務）」などと記してあっても，この問題状況を解釈できず，したがってさきのような言い換えを導くことは困難になる。

　別の例としては，「（鍋で煮ているときに）鍋が噴きこぼれそうならば，水を注ぎ入れる」という言明から，我々は「鍋が噴きこぼれそうでなければ，水を注ぎ入れても入れなくても構わない」という言明を導くことはなく，むしろ「鍋が噴きこぼれそうでなければ，水を注ぎ入れてはならない」という言明を導くのが自然である。この場合，料理において「鍋が噴きこぼれる」とか「水を入れる」という意味を理解していることを前提に，それらの間に時間的方向をもった同値関係があると解釈され，その解釈に基づいて言い換えが導かれることを示している。

　こうしたことを総じてみると，我々は字面に対する操作として演繹推論しているわけではないことがわかる。そして，状況の解釈に基づいて問題解決・判断が導かれるという考え方は，統語的な水準での定式化と定理を想定する自然論理の考え方とも異なるものである。このように，状況の解釈が，統語情報に基づくのではなく意味的な水準に依存しているという事実は，さらに強い主張をもたらすことになる。すなわち，形式的には同じ場面や言明でも，そこで問題解決・判断をする者の視点によって，さまざまな解釈結果（状況の意味）が導かれることから，そうした視点によって問題解決・判断の結果が変わる，という主張である。

　たとえば，さきの問題 B）は，当該制度を理解した郵便局員の視点で見たものである。その結果，規則「封筒が封印されていたら 5 ペンスのスタンプが押されている」は「閉封郵便物には 5 ペンスのスタンプが押されている」，「開封郵便物のスタンプはどうでも構わない」という「閉封郵便物に対して 4 ペン

スしか取っていない事態（1ペニーを取りこぼす事態）を避けたい」という目標に沿って解釈されることから，「①と④」という判断が得られることになる。これは結果的に形式論理上の正解と一致したものである。

　ここで，問題 B）を，当該制度を理解しているが郵便局員ではなく開封・閉封郵便物を郵便局に持ち込んで郵便料金を支払う利用者の視点で考えるように，文脈を変更してみよう。すなわち，

C）　あなたは，切手を貼っていない多数の封筒を郵便局窓口に持ち込んで，局員に切手代わりのスタンプを封筒に押してもらい，これからそのスタンプの合計金額を支払うところです。ここでのあなたの任務は，「封筒が封印されていたら5ペンスのスタンプが押されている」という規則を確かめることです。図 3.7 の封筒のうちどれを裏返す必要があるでしょうか。

　この C）の問題でも B）の問題でも，同じ規則「封筒が封印されていたら5ペンスのスタンプが押されている」が言及されているが，C）の問題にある料金を支払う利用者の視点からすると，「開封郵便物ならば5ペンスのスタンプの必要がなく4ペンスのスタンプでなければならない」という，開封郵便物に対して5ペンスを払う事態（1ペニーを余計に払う事態）を避ける目標に沿った解釈が付け加わるはずである。そうだとすれば，この C）の視点で問題解決・判断をすると，B）に比べて相対的に②と③への注意（裏返す要望）が高まることになる。これは意味内容的には受け入れられる判断・結論だが，形式論理上は誤答である。

　ここに述べた「字面としては同じ問題でも問題状況を解釈する視点によって問題解決・判断の結果が変わる」という主張は，セキュリティにかかわる問題をはらんでいる。なぜなら，第一に，たとえば行動規則集において「条件 X において行為 Y を行う」と規則で定めていても，X と Y の意味やそれらを含んだ状況の意味を解釈する視点が複数併存していたり不明確だったりすると，規則を定めた側が期待している行動を導けない可能性があり，それに対応する必要があるということが含意される。そして，第二に，より重大な問題として，形式的に同じ場面について，システムを構築，運用，利用する者の視点ではな

く攻撃者の視点で状況を解釈しないと，適切な（危機を想定した）問題解決・判断の結果が得られないということである。これは，防衛側にいる者も攻撃者と同じ目標をもち，その視点から「なるほど」と思える解釈を導く機会を保証する必要があるということである。

たとえば，SMTP サーバにメールを中継するルールセットを手動で設定することを考えてみる。設定開始時にはすべての中継を拒否（deny）するよう設定しておき，その状態から正規利用者の視点に立って必要なメールが正しく中継されるように中継許可のルールを書き足していくのが基本的な手順である。その結果，必要なメールが正しく中継されれば設定成功とされる。しかし，設定開始時にすべての中継を拒否する設定をしてそこに必要最小限の中継許可を書き加えるという手順は，不正な中継パタンを許可していないという保証にはならない。つまり，設定後のルールセットは「その SMTP サーバにジャンクメールを不正中継させようと企む悪意」の視点で再評価する必要があるはずである。それを支援するためのツールは多数あり，実際，それを使えば意図していない不正中継許可のパタンをかなりの程度検出できるのだが，システムの組み合わせ方によってはそうしたツールに任せることが難しい場合もある。ここで大切なことは「攻撃者の視点に立って考える」ということである。本節で検討したように，人は簡単な条件文に従おうとしたときでさえ，その条件文が意味する内容に基づいて判断するのであって，その意味は状況に対する視点によって解釈が変わってくるのである。

人の推論が形式論理に従わず問題解決・判断をする者自身による意味解釈に基づくということは，演繹推論の計算範囲が極めて限定される，ということである。このことは，問題空間を探索する範囲が制約されて不自由になっているとする捉え方があるかもしれない。しかし，この制約があるからこそ人は無益な推論を行わずに済んでいる。すなわち，人がいわゆるフレーム問題を回避できている理由は，上の事情が決定的であるとも考えられる。

こうした人の特性は，セキュリティ管理において，弱点にもなりえるが，その事実を正しく認識することによってより強固な成果を導くものにできるはず

である。

3.5　判断過程における歪み

　本節では，3.2 節で分類された推論・判断段階にかかわるエラー・歪みのうち「判断過程における歪み」について解説する。

　ある状況のもとで複数の行動選択肢の中からひとつを選択する（判断する）ことは，一般的に意思決定と呼ばれる。この意思決定が行われる状況では，演繹推論や帰納推論という枠組みに沿って推論が行われるだけでなく，必要とされる情報を実時間で収集したり，それを既有知識とあわせて評価したり，整理したりする処理が含まれる。すなわち，意思決定とは不十分な情報から出発して適切な行動を選択することであると考えられる。その場合，「適切」という意味は，選択した内容（選択結果）が適切であるという意味だけでなく，選択に要する時間や労力や情報探索範囲（選択過程）が適切であるという意味をも併せもつはずである。

　すなわち，記憶や推論にかかわる人の認知システム自体には容量や処理速度などに限界があり，外界には得られる情報についての歪みがあり，さらには，時間を経ると対象が変化するなどの事情があるかもしれない。こうした制約のもとで適切な判断を下すためには，探索と評価において，効用を最大化することを判断基準とする（伝統経済学が想定する合理性）のではなく，主観的な満足を求めることを判断基準としてもいいのではないかという考え方が成り立つ。たとえば，将棋の指し手を決めるとき，数十手以上の探索を行い，それをもとに効用（盤上の優位性）を最大化する手を選択すればそのゲームに勝てるかもしれない。しかし，実際にはそうした網羅的な探索を行う時間もなければ主体側の認知資源（記憶容量など）もないので，たとえば，数手程度の探索を行いその中で主観的に満足がいく手を選択し，必要があればさらに数手の探索を重ね，…と繰り返して指し手を決めることになる。これは，判断結果自体は最適解ではないが，限られた時間の中で限られた認知資源を合理的に運用してそこ

そこ満足が得られる解を良しとするという，その過程全体として最適化された推論と考えることができる。

　このように，結果の最適化ではなく過程の最適化を得る推論・判断をSimon [20] [22] は限定合理性と特徴づけた。この限定合理性の考え方は，伝統経済学が想定する効用を最大化する存在としての偶像人間に比べれば実証的で現実の問題解決者に近いものである。しかし，現実の問題解決者は，限られた時間と限られた認知資源の中で，探索と評価を機械的に制限するのではなく，より巧妙な方法で推論・判断を行っていることを，トヴェルスキーとカーネマン [23] は指摘している。すなわち，チェスのような人工的・ゲーム的な問題解決ではなく，より日常的で自然な推論・判断課題においては，人は，探索と評価を制限する，すなわち Simon [20] [22] が主張する限定合理性のありかたではなく，探索や評価の手段として正規のそれとは根本的に異なるヒューリスティック（ヒューリスティックス）と呼ばれるショートカット法を用いることを，トヴェルスキーとカーネマン [23] は明らかにした。このヒューリスティックには多くの種類があるが，それらの中から，ここでは，代表性ヒューリスティック，アンカリングヒューリスティック *6，利用可能性ヒューリスティックの3つを具体的に紹介する。

　代表性ヒューリスティックとは，事象の確率についての判断を求められたときに，事前確率を考慮したり確率の積の法則に従って推論するのではなく，個々の事例のもっともらしさや典型度を判断したり個々の事例同士の類似性を判断したりする課題に置き換えてしまうことを指す。たとえば，次のような問題を考えてみよう。

---

*6　カーネマン [23] は，「アンカリングヒューリスティック」ではなく「アンカリング効果」という表現を用いている。これは，その現象が，ヒューリスティックの結果でなく，むしろ「慎重な調整」という思考の結果と考えられる場合もあることによる。しかし，ここでは，ヒューリスティックに限って紹介・検討するので，「アンカリングヒューリスティック」という表現を用いた。

> リンダは 31 歳の独身女性。外交的で大変聡明である。専攻は哲学だった。学生時代には，差別や社会正義の問題に強い関心をもっていた。また，反核運動に参加したこともある。
> ここで，次のうちどちらの可能性がより高いと思われるか。
> A　リンダは銀行員である。
> B　リンダは銀行員で，フェミニスト運動の活動家である。

　この問題については，論理学の素養をもつ大学生の過半数が B を選択することが知られている。そして，上のように A と B との二つの選択肢から選択させるのではなく，より多くの選択肢（その一部に A と B を含む）を並置して可能性が高い順に順位づけさせる課題にすると，A よりも B を可能性が高いとする回答の比率はさらに高くなることも知られている。いうまでもなく，B は A の部分集合（連言）であり，したがって，リンダの事情にかかわらず B よりも A の可能性が必ず高くなる。しかし，そうした連言の法則を多くの回答者は無視している。この連言錯誤は，確率の問題を，リンダのプロフィール記述と「銀行員の典型例」または「銀行員でフェミニストの典型例」とを比較するという，典型例を用いた類似性判断に置き換えた「代表性ヒューリスティック」が用いられたことに起因している。

　二つ目のアンカリングヒューリスティックとは，確率を推論する際に，初期に与えられた情報やそれに基づいた推論が，本来はそれと無関係であるべき後続する推論において，アンカ（係留点）として作用することを指している。言い換えると，初期に与える情報やそれに基づいて推論させる内容を操作することで，後続する判断を変えることができるということになる。たとえば，次のような問題を考えてみよう。

> 科学教育センターの見学者を対象として，太平洋でのタンカー原油流出事故による環境汚染を調査中であることを説明したのちに，「被害を食い止める方法が見つかるか，タンカーの所有者が賠償金を支払うまでの当面の処置として，太平洋沿岸の海鳥 5 万羽を救うために...」

A群　「5 ドル以上寄付するつもりはありますか？」
B群　「400 ドル以上寄付するつもりはありますか？」

　ここで，A 群と B 群とは別の対象者で，上の問いかけの後に任意の額の寄付を募ると，A 群では平均 20 ドル，B 群では平均 143 ドルを寄付したことが報告されている。このことは，各群に最初に示された 5 ドルまたは 400 ドルという数値が，後続する寄付額の判断の際にアンカとなって影響を与えたことを意味している。

　上の例は問題領域について十分な知識をもたない者が対象となっているが，ここで示されたアンカの働きは，問題領域について十分な知識をもつ専門家を対象としても起こることが知られている。たとえば，不動産鑑定の専門家に対して，いくつかの物件と価格のセットを示した後にターゲット物件の価格を見積もってもらう際，最初に示す物件の価格を高めにするか低めにするかによって，ターゲット物件の見積もり価格は大きく変わる。さらに，上の二つの例はアンカが常識的な範囲に収まる数値となっているが，明らかに正しくないと判断できる数値でもアンカとして働くことが示されている。たとえば，「ガンジーが亡くなった年齢は 144 歳よりも上だったか下だったか」とか「世界最高の高さのヒマラヤ杉は 1200 フィートよりも高いか低いか」など答えが明白な質問を最初に課した場合でも，その後に答えてもらう問題への推定値は影響を受けてしまう。

　三つ目の利用可能性ヒューリスティックとは，事象の確率や頻度についての判断を求められたときに，その事象の具体例を検索したり，想起したりすることがどの程度容易であるかという判断に置き換えてしまうことを指す。たとえば，次のような問題を考えてみよう。

　英単語で，最初が “K” の単語と，3 文字目が “K” の単語とでは，どちらが多いか。

　この問題では，多くの回答は，最初が “K” の単語のほうが多いとすることが知られている。これは，2 種類の条件の単語の存在比率を判断する課題に対

して，2種類の条件の単語の検索の容易性を比較した結果に基づいて回答している ことを意味している。

　上の例では，検索対象である英単語の集合に対して第三者が操作を加える（たとえば，最初が"K"の単語を多くの場面で露出する）ことは考えにくいが，そうした第三者による情報操作が想定され，それが判断に影響を与えていると思われる例も考えられる。たとえば，「事故による死亡者数と糖尿病による死亡者数とではどちらが多いか」という問題だと，「事故による死亡者数のほうが多い」と回答されるが，実際には糖尿病による死亡者数のほうが4倍多い。また，「雷に撃たれた死亡者数と集団食中毒による死亡者数とではどちらが多いか」という問題だと，「集団食中毒による死亡者数のほうが多い」と回答されるが，実際には雷に撃たれた死亡者数のほうが52倍も多い，などのことがわかっている。こうした例では，「多い」と回答された選択肢のほうが，報道メディアによって強調され，その結果，回答者の目に触れる機会が多くなっているものである。すなわち，そうした露出の違いによって想起しやすさが影響を受け，それによって死亡者数の推定が影響を受けたと考えることができる。

　こうしたヒューリスティックは，特定の状況で，それ自体がエラーを生じさせる原因となる。しかし，同時に，そうした状況において完全な探索と評価を行うことは困難だったり時間がかかったりすることから，ヒューリスティックを使う意義，ヒューリスティックが働く生態学的な妥当性は，ある程度想定できる。逆にいえば，意識を注いで時間をかけて問題に取り組めば，ヒューリスティックによる判断結果とは異なる規範解に近い判断結果を得られる場合があるかもしれない。カーネマン[24]は，この二つの推論・判断の過程，すなわち，素早く直観的な判断結果を得るヒューリスティックを利用した過程と，時間をかけて注意を集中して熟考した判断結果を得る過程は，人の認知システムに併存するものとして，前者をシステム1，後者をシステム2と名付けている。システム1は，進化の過程で，さまざまな外界の出来事に対して素早くかつそこそこ適切に対応するために備わったシステムと思われる。たとえば，自分には敵が見えないけれども自分の仲間は敵から逃げていると思われる状況に遭遇し

たとする。そのとき，システム 2 によって，本当に敵がいるのかどうかをじっくり確認して，敵を自分で見つけてから逃げ出そうとすれば，その敵に追いつかれて補食されてしまう危険性が高くなる。それよりも，システム 1 によって，自分の仲間に同調してとりあえず逃げ出したほうが，自身の生存率は高くなるはずである。一方，そうやって敵から逃げ延びて安全を確保した後，状況を思い出して，どうして敵に遭遇してしまったのかとか，どうやって逃げれば助かる可能性がより高くなるかとかをじっくり考えることは，敵に対する今後の備え（学習）として有効で，それについてはより精度が高い判断を下せるシステム 2 によって推論・判断する価値が大きいはずである。このように考えると，システム 1 とシステム 2 という二つのシステムが併存していて，それぞれがもつ機能に一定の合理性があることがわかる。言い換えれば，システム 1 が存在してそれがエラーを導くことは，システム 2 が抱える必然的な弱点を補うために避けがたいものである，ということになる。その意味で，カーネマン[24] が指摘するように，システム 1 が作動することを拒否したりそれがエラーを起こさないように修正したりすることは，根本的に困難であろう。それよりも，システム 1 が優先して働く状況とはどのようなものであるかを検討し，そうした特定の状況でシステム 1 による推論・判断によってどのようなエラーが起こるかを予見して備えたり，同じ問題に対して，その解決に取り組む人 X と，その X とは異なる目標をもつ他者 Y とが共同して取り組むことで，X の目標に沿ったシステム 1 のエラーを他者 Y が検出しやすくする，などの対策が有効に思われる。

3.6　まとめ

　本章では，まず，エラーに対してこれまでどのような分類枠が用いられてきたかを概観した。そして，外的な行為に至らない，理解や判断などの内的過程に留まる，心的活動における誤りや歪みについても，広義のエラーとして考えるべきであるという主張のもとに，あえて，それらの一部の詳細を解説した。

　こうして内的過程とエラーとの関係に焦点を当てると，そもそも，人の認知システムは，規範解を目指すものではなく，形式論理に沿う仕組みでもなく，規範解とは異なる生態学的に意味がある結果を導くことを目指していることが見えてくる。つまり，多くのエラーは，規範解を得ようとした際のノイズや誤差の影響（疲れや注意不足などを含む）ではなく，主体が環境に対して合目的的に働くためにそれぞれの認知システムが持つべき性質としての「誤り」や「歪み」であることがわかる。もちろん，特定の環境・条件において，そうした「誤り」「歪み」は理想的なものではないし，また，望まれるものではないので，何らかの対処が必要なのだが，エラーをノイズや誤差と見なしたり主体の活動から切り離された厄介者扱いしたりしてしまうと，その対処が的外れになることは明らかである。そのような意味で，エラーとセキュリティにかかわる際には人の認知システムにより注目していただきたいと願うものである。

【参考文献】

[1] J・リーソン（著），林喜男（監訳）：ヒューマンエラー ―認知科学的アプローチ，海文堂出版，1994 年

[2] J・リーズン（著），十亀洋（訳）：ヒューマンエラー（完訳版），海文堂出版，2014 年
　注：本文中では［2］を参照しているが，［2］の部分訳にあたる［1］を参照しても，本章に関しては同じ内容を確認できる。

[3] A・ガワンデ（著），吉田竜（訳）：アナタはなぜチェックリストを使わないのか？，晋遊舎，2011 年

[4] 日本工業規格 JIS Z 8115：デイペンダビリティ（信頼性）用語，http://kikakurui.com/z8/Z8115-2000-01.html，2018 年閲覧

[5] 芳賀繁：失敗のメカニズム ―忘れ物から巨大事故まで，日本出版サービス，2000 年，角川書店，2003 年

[6] A. diSessa：Phenomenology and the evolution of intuition, In D. Gentner & A. L. Stevens (Eds.), Mental Models, Lawrence Erlbaum, pp.15–34, 1983.

[7] A. diSessa：Towards an epistemology of physics, Cognition and Instruction, 10, pp.105–225, 1993.

[8] 麻柄啓一：学習者の誤った知識はなぜ修正されにくいか，教育心理学研究，44,

pp.379–388，1996 年

[9] M. McCloskey, A. Washiburn, & L. Felch：Intuitive Physics: The straight-down belief and its origin, Journal of Experimental Psychology: Learning, Memory, and Cognition, 9, pp.636–649, 1983.

[10] J. Clement：Students' preconceptions in introductory mechanics, American Journal of Physics, 50, pp.66–71, 1982.

[11] G. J. Posner, K. A. Strike, P. W. Hewson, & W. A. Gertzog：Accommodation of a scientific conception: Toward a theory of conceptual change, Science Education, 66, pp.211–227, 1982.

[12] K. A. Strike & G. J. Posner：A conceptual change view of learning and understanding, In L. H. T. West & A. L. Pines (Eds.), Cognitive Structure and Conceptual Change -Educational Psychology-, Academic Press, pp.211–231, 1985.

[13] K. A. Strike & G. J. Posner：A revisionist theory of conceptual change, In R. Duschl & R. Hamilton (Eds.), Philosophy of Science, Cognitive Psychology, and Educational Theory and Practice, State University of New York Press, pp.147–176, 1992.

[14] M. T. H. Chi：Conceptual change within and across ontological categories: Examples from learning and discovery in science, In R. Giere & H. Feigl (Eds.), Cognitive models of science, University of Minnesota Press, pp.129–186, 1992.

[15] M. T. H. Chi：Three types of conceptual change: Belief revision, mental model transformation, and categorical shift, In S. Vosniadou (ed.), International Handbook of Research on Conceptual Change, Routledge, pp.61–82, 2008.

[16] S. Vosniadou & W. F. Brewer：Mental models of the earth: A study of conceptual change in childhood, Cognitive Psychology, 24, pp.535–585, 1994.

[17] P. C. Wason：Reasoning about a rule, Quarterly Journal of Experimental Psychology, 20, pp.273–281, 1968.

[18] P. N. Johnson-Laird, P. Legrenzi, & M. S. Legrenzi：Reasoning and a sense of reality, British Journal of Psychology, 63, pp.395–400, 1972.

[19] P. W. Cheng, & K. J. Holyoak：Pragmatic Reasoning Schemas, Cognitive Psychology, 17, pp.391–416, 1985.

[20] H. A. Simon：Administrative behavior: A study of decision-making processes in administrative organization, Macmillan, 1947.

　　注：[20] の第 4 版の日本語訳が [21] だが，本文中では「合理性の限界」と
　　　　いう考え方が発表された時期を確認するために [20] を参照した。

[21]　H・A・サイモン（著），桑田耕太郎，西脇暢子，高柳美香，高尾義明，二村敏
　　　子（訳）：新版 経営行動―経営組織における意思決定過程の研究，ダイヤモン
　　　ド社，2009 年

[22]　H. A. Simon：Theories of Bounded Rationality, In Radner and Radner (Eds.),
　　　Decision and Organisation, North-Holland, pp.161–176, 1972.

[23]　E・トヴェルスキー，D・カーネマン（著），村井章子（訳）：不確実性下にお
　　　ける判断―ヒューリスティックスとバイアス，1974 年，D・カーネマン（著），
　　　村井章子（訳）：ファスト＆スロー ―あなたの意思はどのように決まるか？
　　　（下），早川書房，pp.393–411，2012 年

[24]　D・カーネマン（著），村井章子（訳）：ファスト＆スロー ―あなたの意思はど
　　　のように決まるか？（上）・（下），早川書房，2012 年

第4章 犯罪心理学から見た 情報セキュリティ

4.1 犯罪心理学と情報セキュリティ

4.1.1 悪意ある人間による情報セキュリティ上の脅威

セキュリティについてのハードウェア的，ソフトウェア的な対策は日々進化している。これらの技術によって防ぐことができる攻撃は増加しているのは事実であるが，実際にはセキュリティに関する問題は，年々増加しており，今後も増加することが予想される。

実際のセキュリティ事案や，ネットワーク犯罪を見てみると，興味深いことがわかってくる。それは，システム全体の中で最も危険で脆弱なのは，じつは人間だということである。情報窃盗，情報改ざん，金銭などの窃盗，詐欺，脅迫，ネットワーク通信妨害，システム破壊，システム悪用，テロを含む社会インフラへの攻撃などの攻撃は，もちろん悪意のある人間によって作り出されるものであるし，不十分なセキュリティやうっかりとした挙動によって弱点につけ込まれてしまうのも人間である。

人間行動を科学的に扱う学問分野は心理学であるが，人間の悪意について取り扱うことを得意とするのは，心理学の中でも犯罪心理学である。そこで本章では，犯罪心理学的なアプローチを用いてこれらの問題について分析してみたい。

4.1.2　犯罪心理学とはどのような学問か

　まず，そもそも犯罪心理学という研究分野はどのようなものなのかについて概観してみよう。犯罪心理学は，犯罪に関係する人間行動について広く研究し，その行動の原因や法則について検討するとともに，犯罪捜査や犯罪者の処遇などを支援し，刑事政策に実証的な裏付けを与えていく学問である。犯罪心理学というと，マスコミでの犯罪心理学者の扱いから，犯罪が発生した後に個別の事例について解説を「後付けで」加えていく学問というイメージがあるが，実際にはそのような作業はむしろ学問的な研究とは異なったものである。

　犯罪心理学は心理学の中では比較的マイナーな学問分野であるが，その学問内にもさらに細かな下位分類が存在する。一般的には，図 4.1 のように，犯罪原因論，犯罪者行動研究，捜査心理学，裁判心理学，矯正・更生保護の心理学，被害者心理学，防犯心理学といった 7 種類程度に分類するのが適当であろう[1][2]。

　犯罪原因論は，犯罪の原因を明らかにしていこうという研究分野である。原因論の研究アプローチとしては，生物学的なアプローチ，社会学的なアプローチ，そして心理学的なアプローチがある。生物学的アプローチは，犯罪者は何らかの遺伝的・身体的な異常によって犯罪を引き起こすのだという前提のもとに犯罪者とそうでない人々の違いを明らかにすることを目的として研究が行われる。現在のところ，遺伝子はもちろん，ホルモン，神経伝達物質，体内にあ

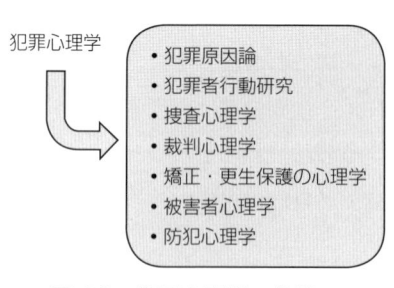

図 4.1　犯罪心理学の分野

る微量金属，脳の器質異常，栄養分の摂取などを変数とした研究が行われている。社会学的なアプローチは社会や地域の人間関係や準拠集団，貧困，環境，法律などが人々が犯罪を犯すかどうかに影響していると考え，これらの変数との関連を研究していくアプローチである。心理学的アプローチは，パーソナリティ，家庭環境，養育スタイル，メディア接触の影響と犯罪の関係などについて研究していく分野である。

　犯罪者行動研究は，さまざまな罪種ごとの犯人の行動パターンや動機について研究する分野である。犯罪といっても殺人と窃盗では犯人の行動や動機は大きく異なっている。また，殺人の中でも動機によって犯人がとる典型的な行動は大きく異なっている。そのため，それぞれの犯罪について，犯人をカテゴリーに分け，その動機や行動の違い，犯人の思考パターンの違いなどについて検討していくのである。

　捜査心理学は，犯罪捜査に心理学の知識を応用し，犯人検挙や証拠収集を支援しようとする学問である。捜査心理学の中で近年，最も注目を浴びているのは，プロファイリングである。これは犯人の行動や犯行現場や被害者の状況などから犯人の属性，たとえば，年齢，職業，前歴の有無，家族構成，精神疾患の有無などを予測していくものである。プロファイリングの中でもとくに犯行現場の地理的な分布や特徴から犯人の居住地や次の犯行現場を予測していく研究を地理的プロファイリングという。また，末梢神経系や中枢神経系の働きを手がかりとして虚偽を見破っていく生理的虚偽検出の研究，取調べ手法の研究，立てこもり犯との交渉技術などの研究も捜査心理学の守備範囲である。

　裁判心理学は，裁判の過程における証拠の評価や被告人の責任能力の査定，裁判官や裁判員，陪審員の意思決定の問題を取り扱う。たとえば，子どもや高齢者，障害者などが事件の目撃者になった場合には，当該年齢の認知特性や障害の特性などを考慮に入れながらその証言の信頼性を査定していくことが必要になる。また，取調べによって被疑者や被告人から自供が得られた場合にも虚偽自白，つまり，実際には犯人ではないのに自供するケースも存在するので，本当の自供かどうかを判定することが必要になってくる。さらにはとくに精神

障害などのケースでは，犯人が犯行時に物事の善悪を弁識できたのか（弁識能力），自己の行動を制御することができたのか（制御能力）を判定することが必要になってくるので，これを診断し鑑定していくことが必要になる。これらの研究が裁判心理学である。

　矯正・更生保護の心理学は，犯罪者や非行少年を立ち直らせるための方法について研究する学問分野である。この分野は他の分野に比べて最も実践色が強く，この分野の研究と実践を担っている人のほとんどは法務省や裁判所の心理専門職種の人々である。矯正とは一般には少年院や刑務所などの収容施設での処遇のことを指し，更生保護は保護観察などの社会内での処遇のことを指す。具体的には犯罪者や非行少年の性格や精神医学的特性，行動特徴などの査定（アセスメント）やカウンセリング，矯正プログラムの立案などの研究が行われている。最近では再犯率の高い子どもに対する性犯罪やストーキングなどの犯罪を犯してしまった加害者に対するカウンセリングなどがホットなテーマとなっている。

　被害者心理学とは，矯正・更正保護の心理学とは逆に事件の被害者に対するカウンセリングや立ち直り支援を行っている学問分野である。犯罪の被害者は多くの場合，PTSD（心的トラウマ後ストレス障害）という不安障害の状態にあることが多いが，犯罪によって引き起こされた PTSD の治療はなかなかやっかいである。また，単なるカウンセリングだけでなく，事件直後の危機対応や情報提供なども含めて被害者支援プロセス全般を扱うことが多い。犯罪心理学においては主に犯罪者の更生についての研究や実践は古くから行われていたが，被害者に焦点が当てられたのは，ここ十数年程度のことである。そのため，被害者心理学は最も新しい犯罪心理学の分野であるといわれる。

　防犯心理学は，犯罪を防止するためにはどのような手法が有効であるのかについて研究する学問分野である。とくに我が国における防犯対策は犯人の行動特徴などをほとんど考慮に入れず，いきあたりばったりで行われていることが多い。民間のセキュリティ会社もやみくもに防犯グッズをつけることを防犯と考えている場合が多い。しかし，このような方法では，コストパフォーマンス

が非常に悪く，また，暮らしやすさやプライバシー保護が犠牲になることも少なくない。実際に有効な防犯とは，敵の行動パターンや特徴を知り，それに適合するような防犯ストラテジーを適用していくような方法で行うべきである。このような研究を行っているのが防犯心理学である。防犯心理学の中では，とくに環境や建築，設計に介入し犯罪者を寄せ付けないような家屋，店舗，街を作っていくことを目的にした環境防犯心理学的なアプローチが長い歴史をもち，たくさんの研究成果を蓄積している。

4.1.3　情報セキュリティにどのように犯罪心理学を応用するか

さて，情報セキュリティの領域に犯罪心理学を応用する場合，図 4.2 のようにこれら 7 種類のアプローチが有効である。

まず，犯罪原因論に関しては，故意に行われる情報セキュリティ犯罪，あるいは過失から生じる情報セキュリティ事故などを引き起こしやすい生物学的，社会学的，心理学的な要因を明らかにすることができる。犯罪の原因を明らかにすることは，犯罪の発生を根本からなくしていくためには欠くことができない要素である。とくに社会学的な要因，心理学的な要因は社会や企業などが介

- 犯罪原因論
  　⟶ 情報セキュリティ犯罪の原因は何か？
- 犯罪者行動研究
  　⟶ 情報セキュリティ犯罪の分類，動機，手口，犯人の行動を明らかにする
- 捜査心理学
  　⟶ 情報セキュリティ犯罪のプロファイリング
- 裁判心理学
  　⟶ 情報セキュリティ犯罪の裁判プロセス
- 矯正・更生保護の心理学
  　⟶ 高度な技術力をもつ情報セキュリティ犯罪者の処遇
- 被害者心理学
  　⟶ 情報セキュリティ犯罪被害者のカウンセリング
- 防犯心理学
  　⟶ 情報セキュリティ犯罪の防犯手法，セキュリティ強化手法

図 4.2　情報セキュリティ犯罪と犯罪心理学の研究分野

入することが可能な領域であるため，とくに有用である。次の節ではこの観点からのさまざまな理論と情報セキュリティ犯罪との関連についてより詳しく検討する。

　次に犯罪者行動研究であるが，これは現段階で情報セキュリティとの関連の中で最も重要な研究領域であるかもしれない。そもそも，情報セキュリティ犯罪にはどのようなタイプがあるのか，それぞれの犯人はいったいどのような動機でどのような手口で犯行を行うのかを明らかにし，整理していくことは，セキュリティの問題を研究していくうえでの前提条件となるからである。たとえば，おなじセキュリティ犯罪でも，会社に対する不満から意図的に個人情報のデータベースを盗み出し，業者に販売する行動と，コンピュータ技術に自信のあるハッカーが自分の技術と実力を試し，世間に注目してもらうために政府のコンピュータシステムに侵入し，ホームページを書き換える行動，技術力不足ゆえに根本的な欠陥のあるプログラムを作成してしまったために，そのプログラムを使用しているプラントで致命的な事故が発生してしまう場合では，まったく異なった分析と対抗策が必要となるからである。

　捜査心理学の分野では，情報セキュリティ犯罪におけるプロファイリングが最も注目すべき研究分野である。情報セキュリティ犯罪ではしばしば，犯人の目的や属性がまったく読めない場合がある。他の犯罪と異なり，犯人は中学生であるかもしれず，遠い国に住んでいる外国人であったり，またはエリート技術者であることさえもある。犯人の手口やさまざまな活動の痕跡などから，その犯人が実社会でどのような属性をもった個人なのかを特定することは，犯人検挙にとっては極めて重要なステップである。また，悪意のあるハッカーやテロリストについてもその犯行の手口は，犯人が属しているグループや犯人の教育歴などと関連していることが予想される。これらの犯罪についても手口や行動と犯人グループの関連をつかみ，予測していくことが捜査上非常に大切なことになってくる。

　裁判心理学に関してはすでにログ分析や電子的な証拠保全に関する研究や実践は広く行われているが，この分野でもっか最大の問題なのは，高度に専門的

な手口の犯罪について，素人である裁判官や裁判員がはたして妥当な判決を下したり，量刑判断をすることができるのかという問題である。この種の裁判においては，しばしば，専門家が出廷し，事件の特徴について説明が行われるが，現実的にはこの専門家の判断が，そのまま判決に影響してしまうケースが多い。つまり，事件自体のインパクトや悪意よりも公判場面での事件の解説の上手い下手が，量刑を決定してしまう可能性があるのである。これは高度に専門的な訴訟の場合には共通して存在する問題でもあるのだが，この種の事件を現在の司法システムの中で公正に裁くことができるのかなども含めて，ぜひ検討，研究していかなければならないテーマであろう。

　矯正・更生保護の心理学については，セキュリティ上の犯罪を犯した者に対する処遇をどのようにするのかを考えていくことが現在，最も重要な研究テーマのひとつである。日本の刑務所や少年院ではインターネットに接続されたパソコンを受刑者が操作することはほぼない。つまり，刑務作業についても高度な情報スキルをもっている受刑者がその能力を最大限生かせるような機会はないわけである。この種の犯罪者の社会復帰を考えるならば，この種のスキルを維持し育て，同時に倫理観を育成していくことができれば，ベストな処遇となることが考えられる。しかし一方で，受刑者がインターネット環境と接することは外部との連絡や不正情報の入手，さらには刑務所内にいながら犯罪を実施してしまうなどさまざまなリスクがある。このような点から，受刑者とインターネット使用の問題については，今後，議論や研究が必要となってくるであろう。ちなみに，著名なハッカーであるケビン・ミトニック（Kevin Mitnick）は検挙され，受刑中にはインターネットの使用は一切禁止された。その一方で近年，ヨーロッパでは受刑者のインターネット使用が次第に許可されるようになってきている。

　被害者心理学の領域でも情報セキュリティ犯罪の被害に遭った被害者のカウンセリングは大きな問題となる。一般に犯罪被害者は自分が被害に遭った犯罪と似た状況に置かれると不安や恐怖を感じ，日常生活に支障をきたす場合が少なくない。もし，情報ネットワークやコンピュータに接しないで生きていくこ

とが可能であれば，この種の犯罪の被害者は，その後，ネット環境になるべく接しないようにして心の傷を癒やしていくことも可能である。実際，飛行機事故で大けがをした被害者がその後，飛行機に乗らなくなるというのはよくある話である。しかし，現代社会においてはスマートフォンも含め，もはやネット環境と接しないで生きていくのは困難である。そのため，コンピュータ犯罪に巻き込まれて被害を受けてしまった被害者の社会復帰はなかなか困難な問題となる。そこで，このような被害者に対して，どのようにしてコンピュータやネットワークへの不安や恐怖を克服していくことができるのかについて検討し，カウンセリングプログラムを作っていくことが必要なのである。

　最後に防犯心理学である。情報セキュリティ犯罪における防犯心理学的なアプローチは，セキュリティ心理学の中でも最も重要な研究テーマである。というのは，情報セキュリティ犯罪のほとんどが，人的要因，つまり，ネットワークを利用する個人の不注意や不用意さなどの脆弱性を利用して発生しているからである。最も単純な例としては，セキュリティソフトを入れていないとか，怪しいサイトから怪しいアプリをダウンロードしてしまったとか，知らない人からのメールの添付ファイルを開いてしまったなどの状況である。どのような人間がどのような脆弱性をもっているのか，犯人の手口は我々のどのような脆弱性を利用しているのか，人間の脆弱性を少なくするための技術的，心理的なテクニックにはどのようなものがあるのか，など研究が必要な数多くのテーマに手がつけられていないのが現実である。

4.2　情報セキュリティ犯罪の加害者

　そもそもなぜ，犯罪者は情報セキュリティに関する犯罪を引き起こすのであろうか。この問題に特化して行われた研究は極めて少ない。しかし，一般の犯罪がなぜ生じるのかについての理論は，犯罪原因論の分野において，いままで数多くのものが提唱されている。そこで本節では，従来の研究で提唱されてきた諸学説のうち，情報セキュリティ犯罪を考えていくうえで参考になると思わ

れる社会学的，心理学的な犯罪原因論についての学説を紹介し，情報セキュリティ犯罪の問題との関連について論じてみることにしたい。

4.2.1　アノミー理論（anomie theory）

アノミー理論は古典的な犯罪原因論の理論のひとつであり，マートン（R. K. Merton）によって提唱されたものである[3]。マートンは主にアメリカの社会をもとにこの理論を構築した。アメリカは，いわゆるアメリカンドリームの国である。つまり誰でも勤勉と努力，そしてそれなりの運があれば，富と名声を手に入れることができるという理念が多くの人々に共有されている。そして，アメリカ人の多くはこの理念をアメリカの大いなる長所だと考えている。これを文化的目標という。ただ，この理念が本当かというとじつは必ずしもそうではない。一部の人々，とくに中流階級以上の人々にとってはこの理念は確かにある意味正しいのであるが，下層階級の人々には，勤勉や努力をしようとしても，十分な教育の機会を得ることができなかったり，周囲や家族がそもそも勤勉や努力といった価値観に対して否定的で妨害的であることもあるので，勤勉と努力という成功のための正当な手段（制度化された手段）をとること自体がそもそも困難なのである。この状態，つまり「文化的な目標は公平に与えられているように宣伝されているのに，制度化された手段の分配が不公平であって，自分では利用できない」状況のことをアノミー状態という。

このような状態になったとき，人はさまざまな対処方略をとるが，その中のひとつに「制度化された手段，つまり正当な方法をとらずに別の方法（犯罪や不正行為を含む）などを用いて，文化的な目標を達成しようとする」というものがある。マートンは，これを犯罪行為だと考えたのである。また，そもそも文化的な目標を実現することも制度化された手段をとることも放棄してしまうという対処方略もありうる。このような方略を選択した場合，人は先のことを考えずになげやりにその場限りの快楽を求めて行動するようになる。これも犯罪となる場合がある（薬物濫用など）。前者のルートを「革新」，後者のルートを「逃避」という。このようなアノミー状態の発生とそれに対する対処の方略

によって犯罪の発生を説明しようとするのがマートンのアノミー理論である。

　アノミー理論は，アメリカ社会という独特の文化様式の中での犯罪を説明する理論のように思われるが，実際にはさまざまな社会状況の中で類似の状況は発生しており，類推が可能である。たとえば，会社組織を考えた場合，一般には「勤勉に働けば出世して，給料も上がり生活も豊かになる」といわれているが，これが文化的な目標である。しかし，実際にはこのような状況が実現されているケースは必ずしも多くない（アノミー理論的には，もしこのような状況が実現されていれば，犯罪は発生しにくくなる）。実際には，一部の人は実力と関係なく出世するし，自分の努力はなかなか認められなかったりする。これをアノミーと捉えてしまえば，人々は「会社内で勤勉でまじめに努力をして，生活を豊かにするのでなく，違法な方法（や就業規則に反した方法）をとってでも金持ちになってやる」と考えてしまう可能性がある。これはそのまま，社内の個人情報の売買や入札情報のリーク，業務上横領，収賄などにつながってくる。また，会社内での出世や勤勉，努力のすべてをあきらめてしまいその場その場の快楽を求める行動も，同様な犯罪行為を引き起こす可能性がある。アノミー理論は，このように社会や組織の構造が犯罪を引き起こすというフレームワークの理論である。

　情報セキュリティ犯罪に関してアノミー理論を適用した研究はほとんど存在しないと思われるが，のちに述べる復讐型の内部犯行などを説明するためにはこの理論は極めて有効だと思われる。

4.2.2　分化的接触理論（differential association theory）

　分化的接触理論は，サザランド（E. H. Sutherland）によって提唱された犯罪原因に関する理論である[4]。彼は，人々は身近な準拠集団（友人や同級生，地域の青少年集団，不良グループなど）との接触によって自分の行動基準，価値観を学んでいくと考える。そのため，身近な他者が法律を軽視したり，反社会的な行動規範に従っているような人物だった場合には，自分もそのような基準で行動するようになっていくという。これは心理学では観察学習といわれて

いるものと類似した考え方である。観察学習とは，他人の行動を観察し，それを自己の行動として取り入れる学習様式のことをさす。

　この理論はとくに不良グループやギャング集団などでよく適用できるものである。たとえば，アメリカの不良少年の多くは子どもの頃から地域の不良グループの中で生活し，その中で警察などの権力に対して敵対する態度や，泥棒の仕方，麻薬の扱い方などを学んでいく。

　この理論は，現代の情報セキュリティ犯罪においても同様に適用できる可能性がある。ただ，サザランドが身近な準拠集団として実際に生活や行動をともにする友人を主に想定したのに対して，情報セキュリティ系の犯罪者の場合，準拠集団がネット内におり，実際，会ったこともないということがある。つまり準拠集団がサイバー空間上に存在するわけである。情報セキュリティ犯罪者はサイバー空間内の人間関係を通じて，分化的な学習を受けることになる。この学習には，大きく分けて 2 つのタイプのものがある。ひとつは「情報セキュリティ系の犯罪を行うのは普通である」という基準となる価値観である。彼らの多くが同様の犯罪を恒常的に行っている集団とネットを介してつながっており，その中にいることによってセキュリティ犯罪を行うことに関する罪悪感などの抑制要因が低下してしまっているのである。もうひとつは，手口の学習という側面である。情報セキュリティ犯罪者のうち，とくに高度な技術を操る人々は，このような犯罪者ネットワークの中で，具体的なハッキングの手口を学習し，また，ツールを入手しているのである。

4.2.3　絆理論（bond theory）

　絆理論は，社会学の中では社会的コントロール理論（social control theory）といわれるタイプの理論である。社会的コントロール理論では，「犯罪者はなぜ犯罪を行うのか」を説明するのではなく，「犯罪者でない人はなぜ犯罪を行わないのか」について説明しようとする。つまり，前提条件として性悪説，つまり人々はなにもなければ反社会的な行動をとってしまうだろう，というところからスタートする。

　絆理論は，トラビス・ハーシー（T. Hirschi）が提唱した社会的コントロール理論で，彼は 4 つの絆が犯罪を犯さないように我々を順社会的な環境につなぎ止めていると考えた[5]。この 4 つの絆とは，「愛着」，「投資」，「巻き込み」，「規範意識」である。「愛着（attachiment）」とは両親や学校，職場，そして友人への愛情をさす。まず，これらによって我々は犯罪を行うことを抑制されるというのである。これはたとえば，万引きなどの犯罪を行おうとしたときに母親の顔や自分を信頼してくれている友人や恋人の顔が頭をよぎって，万引きをしてしまうことを踏みとどまるといった現象が例として挙げられる。「投資（committment）」とは，犯罪をすることによって失われてしまうものが多いために我々は犯罪をすることが抑制されているというのである。現代社会は，学歴や就職，人間関係などさまざまな資源を次第に身につけ，またそれを前提とした次の目標への期待を形成していくことによって組織化されている。そして，犯罪を犯すなどの反社会的な行動を行うといったん身につけたさまざまな資源を罰として取り除かれるというシステムも完備されている。具体的には，犯罪で検挙されれば，学校や会社を辞めさせられたり，離婚などによって人間関係を失ったりし，そして多くの場合，夢の実現も遠ざかってしまう。そのため，犯罪を行わないように動機づけられるというのである。これは一般に高学歴や高い社会的地位の人々が犯罪を行いにくく，無職や家族がいないなどの失うものが少ない者が犯罪を行いがちであることを説明することができる。「巻き込み（involvement）」は，「暇」に関する要因である。勉強や仕事，恋愛や家庭など我々が行っている合法的な活動はそれなりの時間と資源を必要とするものである。この合法活動に投入される時間が多くなればなるほど，非合法活動を行う時間的な余裕はなくなっていく。逆に「暇」が多くなればなるほど，非合法活動を起こしやすくなる。これは無職など，「時間のある」人々が犯罪を犯しがちであることと関連している。最後に「規範意識（belief）」であるが，これは犯罪を行うのは悪いことであり，人は正しいことを行わなければならないという意識のことをさす。これはたとえば，決してばれないような状況でも多くの人は合法的に振る舞う（たとえば，誰も周囲におらず，車がまったく通って

いなくても赤信号で停車する現象）ことを説明することができる。ただし、規範意識は上記の4つの絆の中で最も弱い要因ではないかと考えられている。

　絆理論は情報セキュリティ犯罪にもほぼそのまま当てはめることができる。この理論が予測する愛着が少なく、将来の希望やいままでの蓄積がなく、合法的な活動に従事する時間が少なく暇があり、規範意識が弱い者が犯罪に走りやすいというのは情報セキュリティ犯罪でもそのまま当てはまることが多いからである。絆理論はとくに企業において内部犯行（職場の成員が行う犯行、内部情報の持ち出し、横領など）が生じないために組織としてどのような対策をとればよいのかを考える場合に有効な枠組みとなることが多い。たとえば、レクリエーション活動の活性化（愛着と巻き込みの増加）、昇進経路の多様化と明確な基準化（投資の強化）、職場を魅力あるものにすること（愛着の増加）、適度に忙しくすること（巻き込みの増加）などの施策が犯罪防止に有効であることを示してくれるものである。我が国でも島ら（2013）は、情報セキュリティに関する内部不正インシデントの発生に関して、良好な職場環境や上司との関係などがインシデントを抑制する要因となることを報告しているが[6]、これも絆理論から解釈することが可能であろう。

4.2.4　合理的選択理論（rational choice theory）

　合理的選択理論は、我々を経済学的に合理的な意思決定をする主体と捉える考え方である。つまり、我々が犯罪を行うのは、単にそれが最も合理的な選択肢であるからだと考えるのである。この理論によれば、犯罪者を不合理な行動を行う異常者であると捉え、犯罪者とそうでない人を弁別しようという試みは間違っているということになる。犯罪学において合理的選択理論を最も体系的に展開したのは、クラークとコーニッシュ（R. V. Clarke & D. B. Cornish）である[7]。犯罪者は犯罪を行うときに犯行のリスク、犯行にかかる労力、犯行で得られる報酬について掌握している情報を総合して、利得予測と損失予測を計算し、犯行を行うことが利得を最大化することになるのならば犯行を行うし、そうでないならば犯行を行わないと考えた。具体的には、少ない労力で多大な

報酬が得られ，捕まるリスクが少ないならば，人は合理的行動として犯罪を行うことになる。

　合理的選択理論は，情報セキュリティ犯罪に適用できる余地が大きいと考えられる。まず，現在，ネットワーク上で行われている犯罪の多くが，まさに「少ない労力で多大な利益（金銭的な利益のみでなく，攻撃したい相手へのダメージなども含めて）」を得ることができるものであり，しかも検挙されにくいということが犯行を動機づけていると考えられる。また，これらの犯罪を防止するための手法としては，セキュリティの強化，充実によってネットワーク犯罪の実施を困難にするか（つまり労力を増加させる），ネットワーク犯罪の捜査技術を進歩させ，検挙率を向上させる（損失の確率を増加させる）かしかないということを示唆してくれるものである。

4.2.5　ルーティン・アクティビティ理論（routine activity theory）

　ルーティン・アクティビティ理論は，イリノイ大学のフェルソンとコーヘン（M. Felson & L. E. Cohen）によって提唱された犯罪理論である[8]。この理論は，犯罪は，犯行可能者（likely offender）と標的（suitable target），そして監視者の不在（absence of capable guardian）が合わさったところで発生するというものである。彼らは，戦後アメリカで経済水準が上がり人々の社会進出が進んだのに犯罪は減少せずに逆に増加したことについて説明することを目的に，この理論を作り出した。彼らは，社会進出により家庭に人がいなくなり監視者が不在になり，また経済的な豊かさによって標的となるものが増加したことがその原因であると考えたのである。この理論は，犯行を行う可能性がある者が，標的を前にし，監視者が不在ならば，そのような環境に動機づけられて犯罪を行ってしまうことを意味しているという点で犯罪の環境原因論であるということもできる。

　この理論も情報セキュリティ犯罪，とくに内部犯罪などにそのまま適用することができるであろう。つまり，犯行可能者を標的が存在し監視が不在な状況

に置くことが犯罪を引き起こすことになるので，標的となるものをガードしたり，フォーマル，インフォーマルな監視を増加させることが犯罪防止になるという示唆ができるのである。

4.2.6　割れ窓理論（broken windows theory）

　割れ窓理論は，ウィルソンとケーリング（J. Q. Wilson & G. L. Kelling）によって提唱された環境心理学的観点からの防犯理論である[9]。これは地域社会における軽微な犯罪や秩序違反行為が無視されると（つまり一枚の割れた窓が放置されたままでいると），さらに同種の行為が行われるようになり（他の窓が割られたり，落書きが行われたりして），地域社会における秩序が次第に崩壊していき，侵入窃盗や暴力なども増加していってしまうという現象をさしている。これは，軽微な秩序違反を放置することはその地域がこのような違反に寛容であることを人々に象徴してしまうことになり，その結果として軽微な違反が起きやすくなり，これが加速度的に増加していくことによって生じるものである。ウィルソンとケーリングは，警察などが重大事件に注意を払うのと同様にささいな事件についてもきめ細かく対応していくことが地域の安全を総合的に高めていくということを示唆している。

　批判がないわけではないが，カイザー（Keizer）ら（2008）など多くの研究がこの理論の妥当性を実証的に確認している[10]。また，実際に社内窃盗などの犯罪が発生した職場では，遅刻や規則違反などの行動が多かったり，社内が汚いまま放置されていることはしばしば見られる。これは情報セキュリティ犯罪が発生する職場についてもほぼ同様だと考えられる。たとえば，規則で私物パソコンの持ち込みや USB の使用が禁止されていてもそれがしばしば行われている職場や，遅刻や社内物品の私的な使用，私用電話などが放置されている職場はある意味「割れ窓」を放置している状態と同じだと考えられる。

4.2.7　犯罪のライフコース理論

　年代別に犯罪率を算出していくと，最も犯罪に関与する年代は，10 代中頃

から 20 代前半であることがわかる。そしてこの傾向は若干の違いはあるものの，すべての文化圏で観察されるものである。このように我々はライフコースの中で犯罪親和性が高まる期間が存在するわけである。このように年齢層と犯罪の関係について検討していくアプローチをライフコース理論という。サンプソンとラウブ（R. J. Sampson & J. H. Laub, 2003）は，人は児童期には家庭や学校の統制下にあり，犯罪や非行を行うことが抑制されているが，青年期になると家庭からの離脱，独立に伴って，そのような社会的なじん帯を失って犯罪・非行傾向が高まるとした。また，成人になると今度は配偶者や子ども，勤務先，地域，友人集団などと新たな社会的じん帯を形成し，これが犯罪・非行傾向を低めるとした[11]。

　現在のところ，情報セキュリティ犯罪に関与している犯人の年齢分布については資料がほとんど存在しない。そのため，現段階では，この種の犯罪についてのライフコースと犯罪の関係の理論を構築するのは難しい。情報セキュリティ犯罪の場合，若年時，とくに職に就いていない場合には扱う情報が重要なものでないことがほとんどなため，情報流出，情報窃盗系の犯罪は比較的高い年齢層の犯人が多い可能性がある。一方で，ウィルスの作出などは，コンピュータ知識を学び，実地でいたずらをしてみようという層が行う可能性が多いため，比較的若い年齢層，場合によっては中高生によってなされる可能性がある。

　また，この種の犯罪は，非行と異なり，犯罪の参入のしきいが低かったり（短時間で実施可能である，罪悪感が小さい），夜間単独で自室で実施可能な手口も多いので，家族や友人，職場などによる抑制力が働きにくいかもしれない。その場合，犯罪年齢の分散が拡大する可能性がある。いずれにせよ，情報セキュリティ犯罪とライフコースの関係が明らかになれば，この種の犯罪の理解に一定の有用な情報となるだろう。

4.2.8　生涯持続型犯罪者と青年期限定型犯罪者

　デューク大学の発達心理学者のモフィット（T. E. Moffitt）は，実際に発生する犯罪の多くは少数の犯罪者（常習犯罪者，累犯者）によって引き起こされ

ているということなどから犯罪者を 2 つのカテゴリーに分類した[12]。若年時（小学生程度）から問題行動を引き起こしはじめ，青年期には非行・犯罪行動を多発させ，成人期になってもこの傾向が持続する生涯持続型犯罪者と，若年時には問題行動を発生させず，青年期に非行行動に手を染めるが，成人期になると非行や犯罪から卒業する青年期限定型犯罪者である。青年期限定型犯罪者は主に周囲の環境や非行集団との接触によって非行や犯罪を引き起こすが，生涯持続型犯罪者は，神経系の異常や遺伝なども大きく影響していると考えられる。いわゆるサイコパスの犯罪者であることも少なくない。生涯持続型犯罪者というカテゴリーを想定するモフィットの理論はある意味衝撃的であるが，多くの犯罪現象を明確に説明できる。たとえば，非行グループは少数（多くの場合 1 名）の生涯持続型犯罪者をリーダーとして，あとは付和雷同型の多数の青年期限定型犯罪者から構成されることが多い。

　情報セキュリティ犯罪に関してモフィットの理論が検証されたことはないが，この枠組みは重要な視点を提供する。社内犯罪がグループで行われる場合には，非行少年グループと同様に，生涯持続型犯罪者的なひとりの主犯と，周囲の環境によって流されて一時的に犯罪に手をそめてしまったり立場上犯罪に加わらざるを得なかった青年期限定型的な共犯者（社内犯罪の場合には青年期でない場合もあるが）からグループが構成されているケースは少なくない。このようなケースでは主犯者が最もうまく立ち回り，罪を逃れたり罪を軽減させることができる場合が多く，共犯者のみが「とかげのしっぽ切り」的な状況ですべての責任をとらされる場合がある。また，社内で複数の犯罪が行われた場合でも実質的にはひとりの生涯持続型犯罪者的な人物に原因がある場合もある。そのため，グループで行われた社内犯罪を調査する場合には，モフィットの理論を念頭に置きながら犯人グループの構造について検討し，原因である中心的な人物が誰かを明らかにしていくことが必要である。

4.2.9　犯罪者のパーソナリティに基礎を置く犯罪理論

　犯罪の原因を主に犯罪者側のパーソナリティなどの個人特性におく考えが

いくつか提案されている。その代表的なものとしては，ゴットフレッソンとハーシー（M. R. Gottfredson & T. Hirschi, 2003）の自己統制理論（self control theory）がある[13]。彼らはその時々の短期的な誘惑にのることを抑え，長期的な展望に立った行動ができる能力のことを自己統制力とし，犯罪者はこの能力が弱いために目先の欲求に従った行動をしてしまうのだと考えた。そして，この自己統制力は幼少期の家庭環境によって形成されると考えた。

　自己統制と情報セキュリティ犯罪の関連は近年，注目されている研究分野である。たとえば，ムーン（B. Moon）ら（2010）は韓国人対象の大規模な世論調査データをもとに分析し，違法なダウンロードと他人のアカウントの不正な使用が自己統制力の低さと相関していることを明らかにした[14]。また，ドナー（C. M. Donner）ら（2014）も学生対象の調査において，著作権違反のダウンロードと自己統制力の低さの関連を明らかにしている[15]。さらに興味深い問題としては，ボスラー（A. M. Bossler）ら（2010）の研究がある。彼らは自己統制力の低さが，情報セキュリティ犯罪の被害者になってしまうリスクを増加させるということを明らかにしている[16]。

　次に，サイコパス傾向という犯罪親和的な個人特性があるということもしばしば指摘されている。サイコパスとは，口達者で表面的な魅力，人を偽り騙して操作するという尊大で虚偽的な対人関係と，衝動性，責任感の欠如などの特性，そして，良心の呵責や罪悪感，共感能力の欠如などの特徴をもつ者のことである。サイコパス傾向が高い者は，サイバー空間においても攻撃性が高いことがパビアン（S. Pabian）ら（2015）によって指摘されており[17]，各種の情報セキュリティ犯罪と関連している可能性もあると思われる。

　さらにサイコパスに加え，自分のために他人を支配し，他人を利用するマキャベリアリズム傾向と，自分を偉大だと考え他人を見下し，自分を過度に愛するナルシシズム傾向の3つの傾向が犯罪親和的だと考えられるようになってきた。この3つの概念をダークトライアドという。ダークトライアド傾向もサイバー空間での攻撃やサイバーいじめと関連していることがメイダン（A. O. Madan, 2014）によって指摘されている[18]。

4.2.10　犯罪理論の特徴

　ここまで，さまざまな犯罪理論，そしてセキュリティ犯罪との関連について述べてきたが，情報セキュリティ犯罪という概念が犯罪学，犯罪心理学の中では新しい概念であるため，現状ではこれらの犯罪と各種理論の関連，情報セキュリティ犯罪の理解や防犯のためにどの理論が有効なのか，また，利用可能なのかについては明らかになっていないのが現状である。まさに今後の研究が期待されるところであろう。

　ここでひとつ付け加えておく必要があるのは，犯罪学や犯罪心理学における「理論」の意味づけの問題である。自然科学においては理論は唯一正しい考え方をさすことが多いのに対して，社会科学においては現象がさまざまな側面をもつため，ある理論が正しく，他が誤っているというよりは，それぞれの理論が現象の異なった側面をそれぞれ説明していると捉えるのが正しい。そのため，ここで挙げた理論もひとつが正解で残りが誤りというわけではない。実際には多種の理論をもとに最も適切にある現象（たとえば，情報セキュリティ犯罪）を説明し，防犯のための枠組みとなる理論を選択して使用していくべきである。

4.3　情報セキュリティ犯罪のプロファイリング

4.3.1　プロファイリングとは何か

　プロファイリングは，犯人の行動や犯行現場，被害者の状況から犯人の属性を推定する技術のことである。プロファイリングをはじめて体系的に研究したのは，アメリカ連邦捜査局（FBI）アカデミーの行動科学科のスタッフたちで，彼らは主に連続殺人事件を対象としてプロファイリング技術を開発した。彼らが連続殺人を対象としたのはこの種の事件が極めて検挙しにくく，アメリカ全土に検挙されないまま州をわたりあるいている連続殺人犯が多数存在している可能性があったからである[19]。

　FBIのプロファイリングの手法は，基本的には犯人を何種類かに分類し，それぞれのタイプの事件を起こす典型的な人物像をリストアップするという方法

論である。そして，いま新しい事件が発生した場合，その犯人がどのタイプであるかを判断すれば自動的に犯人のタイプが推測できるというものである。これはいってみれば，「カテゴライゼーションと当てはめ」という方法論である。

　たとえば，FBI は，連続殺人犯を「秩序型（Organized Type）」と「無秩序型（Disorganized Type）」に分類している。前者は，計画的で被害者と会話して被害者を拉致し，その後，拉致場所と異なる場所で殺害し，遺体を殺害場所と異なる場所に処分し，証拠品も残さないといったタイプの事件をさし，犯人は知的水準が高く，社会的な能力があり，配偶者または愛人がいて，整備されている車に乗っているなどの特徴をもつ。後者はいきあたりばったりで事件を起こし，被害者に対して突然，会話なしに襲いかかり，その場所で殺害し，遺体や証拠はその場に放置するといったタイプの事件をさし，犯人は知的水準が平均以下であり，非熟練労働についているか無職であり，独居で事件現場の付近に居住しているなどの特徴をもつ。

　FBI によるプロファイリング手法は，さまざまな映画やドラマでも描かれ，非常に有名になった。また，連続殺人だけでなく，放火やレイプ，子どもに対する性犯罪などにも適用されるようになってきた。しかしながら，このアプローチには，いくつかの大きな問題点が指摘されている。たとえば，犯罪のカテゴリー分けが基本的には経験に基づくものであり，実証的な裏付けをもっていないという点である。この点を批判しているのが，イギリスのカンター（D. Canter）らのグループである。彼らは，さまざまな罪種の事件について，事件現場の状況や犯行手口，犯人の属性などのデータを収集し，これを多次元尺度構成法などの多変量解析手法を使って分析し，犯罪を分類しなおし，また計量的な方法を使ったプロファイリング手法を考案した。このプロファイリング手法は当時カンターが所属していた大学の名称をとってリヴァプール方式と名付けられた [20] [21]。現在のプロファイリングは，基本的にはリヴァプール方式を採用しており，場合によっては FBI 式のカテゴリーの考え方を援用するというものになっている [1] [2] [22]。

4.3.2　ハッカーの分類

　FBI 方式にしろ，リヴァプール方式にしろ，ある種の犯罪について分析していく場合に，まず最初に必要なことは，その犯罪を分類していくという作業に違いない。ハッカーに関してはじめて分類枠組みを提案したのは，ランドレスとレインゴールド（B. Landreth & H. Rheingold, 1985）である。彼らは，ハッカーのスキルと動機に基づき，5 種類に分類した。いたずら（mischief），知的チャレンジ（intellectual challenge），スリル（thrill），自我高揚（ego boost），犯罪利益目的（criminal profit）である[23]。

　また，ロジャース（M. K. Rogers, 2006）は，ハッカーを復讐（revenge），金銭目的（financial），名声（notoriety），好奇心（curiosity）の 4 つのタイプに分け，これを図 4.3 のような円環モデルで分類するという枠組みを提案している。このモデルでは，円環の中に 4 種類の動機の分類が書かれており，かつ円の中心から周辺部分に行くに従って，スキルレベルが上昇することを意味している。となりあった円環は動機の重複がありうることを示している。そして，空間の該当する位置に 9 種類のハッカーを位置づけている[24]。

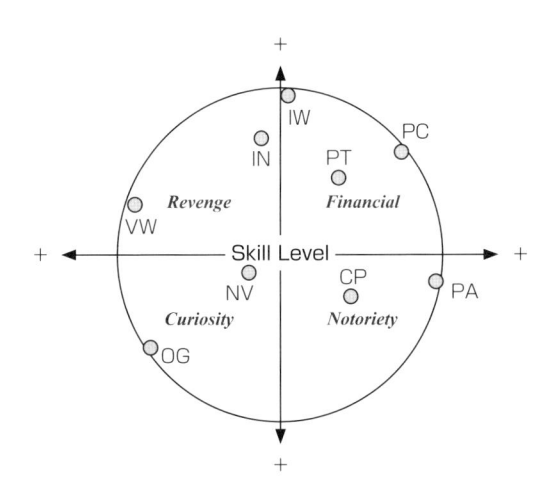

図 4.3　ロジャースらによるハッカーの分類

　このうち，NV（Novice）グループは比較的低いコンピュータスキルしかもっていないが，ハッカーという存在に憧れてその一員となるためにハッキングを行う人々で，最も大きな動機は，スリルを求めて，というものである。ダウンロードした既製のハッキングツールを使用することが多い。CP（Cyber-punk）グループは，ある程度のネットワークスキルとプログラミング技術をもっている人々で，自分の侵入するシステムについてもある程度の知識をもっている。手口としては，クレジットカードの不正利用が多い。彼らの動機は，注目を浴びること，金銭的な利益を得ることである。IN（Internal）は会社の内部犯罪者で最も数が多く，最も危険なメンバーである。このタイプは自らが解雇されたり，不当な待遇を受けたことを動機として復讐のために会社のシステムなどを攻撃する。日常ストレスがそれに加わることも多い。このタイプは元々システムへのアクセス権をもっていることが多いので，防ぐことは困難である。PT（Petty Thieves）はコンピュータを使用したこそ泥である。彼らの動機はほとんどが金銭目的であり，それを得るために最小限だが効率のいい学習をして専門知識を習得している。PC（Professional Criminals）は，PTと同様に金銭目的のハッカーであるが，より高度な技術とスキルをもっている訓練された真の犯罪者集団である。彼らは基本的には名声などを求めない。このタイプはその技術力ゆえに最も大きなリスクをもっているグループである。OG（Old Guard hackers）は，高いコンピュータスキルをもち，ハッキングのためのツールを開発し，それを熟練度の低いほかのハッカーのために提供する。彼らには金銭的な動機や復讐の動機はあまりなく，もっぱら好奇心と知的な課題についてのチャレンジ精神によって動機づけられている。IW（Information Warfare）も高い技術力をもったハッカーであるが，彼らは自らの技術力やスキルを武器として戦争を行っている。彼らは軍人であったり，軍に雇われており，動機は金銭的なものもあるし，また愛国心などに動機づけられていることもある。VW（Virus Writers）はコンピュータウィルスを作り出すハッカーである。彼らの動機はあまりよくわからない。ただ，VWは比較的若い傾向があり，20代程度であると思われる。PA（Political Activist）はもっぱら政治的な目的のために

ハッキングを行う人々であり，政府などのシステムに侵入したり，ホームページを書き換えたり，政治的なメッセージを送ったりする。

　ロジャースの研究では，政治目的のハッカーは比較的小さな扱いであったが，近年このタイプのハッカーは増加しており，また，宗教関連の動機をもったハッカーも登場してきている。そこで，このタイプを導入して，ロジャースのモデルを改訂したのが，シーブルック（R. Seebruck, 2015）である。彼のモデルでは，図 4.4 のように，ハッカーを名声（prestige），政治的（ideology），利益（profit），復讐（revenge），リクリエーション（recreation）の 5 つのタイプに分類し，さらにこの円環上に 8 種類のハッカー分類を位置づけしている[25]。

　彼らの研究はハッカーの分類に主眼が置かれているものであるが，今後，それぞれのカテゴリーがどのような属性（年齢，国籍，性別，職業，生活形態）をもっているのかについて詳細に明らかになっていけば，FBI 方式のハッカープロファイリングになっていくと考えられる。

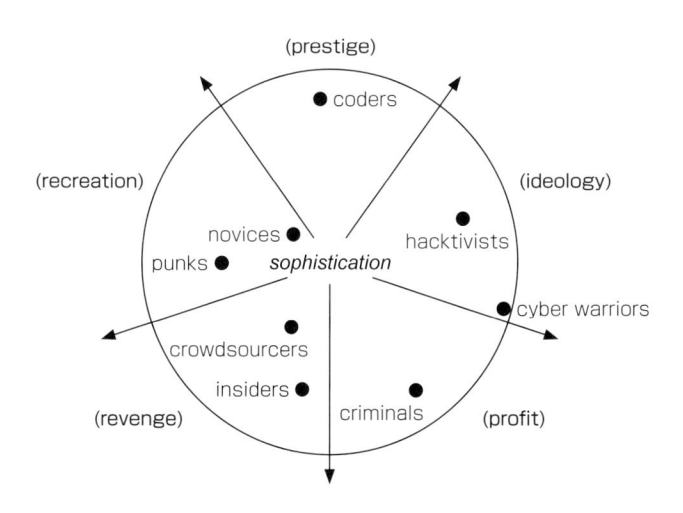

図 4.4　シーブルックによるハッカーの分類

4.3.3 内部犯行のプロファイリング

eCrime watch survey（2014）によると，企業内部で発生する情報セキュリティ事案のうち，20〜30％が内部犯行，つまり，社員や会社の関係者が加害者の事件である[26]。そのため，この種の犯罪を防ぐために内部犯行者についての研究がいくつか行われてきた。

その中で最も代表的な研究のひとつは，シークレットサービスとカーネギーメロン大学ソフトウェアリサーチセンターによって行われたものである[27][28]。この研究では，内部犯行者の多くが会社との間にトラブルを抱えていたこと，上司などから問題がある人物としてマークされていたこと，攻撃は計画的で，社外の者に協力してもらって行われることが多いこと，社内からでなく，リモートで攻撃する場合が多いこと，攻撃に用いられるハッキングツールは高度なものが多いがそれらは自分たちで作成したものではなく既製のものであり，攻撃自体は稚拙な手口で行われることなどが指摘されている。

内部犯行についての分析は我が国でも，（公財）日工組社会安全研究財団 情報セキュリティにおける人的脅威対策に関する調査研究委員会においても行われている[29]。ここでは，企業で発生した内部犯罪のケースについて，その属性の関連性を多次元尺度構成法によって空間的にマッピングし，犯行パターンを表4.1の4種類に分類している。その4種類とは，

- システム破壊：業務上知り得た情報をもとにかつて関与していたシステムに侵入しそれを破壊すること
- システム悪用：業務上使用している端末やシステムを用いて利得を得ようとすること
- 情報流出Ⅰ：個人的な利得を得るための道具として本来許可されていないデータにアクセスしてそれを盗むこと
- 情報流出Ⅱ：心理的な満足を得るために，本来許可されていないデータにアクセスしてそれを盗むこと

表4.1　社会安全研究財団による内部犯罪における犯人分類

	システム破壊	システム悪用	情報流出 I	情報流出 II
性別	男性が主	男性が主，女性の多くはここに該当	男性のみ	男性のみ
職歴	転職歴3回以上の頻回転職者が多い			
犯行時職業	被害企業を離職が多い	被害企業に勤務	被害企業に勤務が多い	被害企業を離職が多い
IT技術	やや高〜高	ふつう	ふつう〜高	ふつう
社会的スキル	乏しい	ふつう	乏しい	乏しい
性格の特徴	過大な自己愛	モラルの低さ犯行の合理化	犯行の合理化	未熟な人格
経済状況	問題なし，一部は逼迫	逼迫している	逼迫している	問題なし転職のストレス
動機	自分を正当に扱ってくれない怒り，恨み	借金返済，生活不安	借金返済，生活費ほしさ	嫌がらせ，自尊心を満たすため

である。このうち，システム悪用と情報流出 I は目的が金銭奪取であり，このタイプの犯罪を道具的犯罪（金銭を得るための道具として情報セキュリティ犯罪を行う）という。これに対して，システム破壊と情報流出 II は，怒りや不満の発散，会社への復讐のために行われる犯罪であり，表出的犯罪という。この研究では，それぞれのタイプの犯罪を引き起こす典型的な犯人の属性が挙げられている。なお，同種の分類は海外の研究においてもすでに言及されており，たとえば，ショウとフィッシャー（E. D. Shaw & L. Fischer, 2005）は，内部犯行者を道具的犯罪を意味する金銭目的犯罪者（Proprietors）と表出的犯罪を意味する復讐目的犯罪者（Avengers）に分類している[30]。

4.4　情報セキュリティ犯罪の防犯

4.4.1　最大のセキュリティホールは人間である

　ハッキングの最もポピュラーな方法は，昔も今も高度なテクノロジーを使っ

たものではなく，ショルダーハッキングを含む単純なソーシャルエンジニアリングである。また，企業に莫大な損害を与える可能性のある情報流出も，最終的には，ユーザーが不用意にファイルを開いたり，怪しいメールに記載されているURLを踏んだりすることをきっかけとして，システムに不正プログラムが侵入する場合がほとんどであり，高度な手口を用いた犯罪や不祥事は実際には発生することは多くない。つまり，多くの情報セキュリティ犯罪は，ターゲットとなる個人の不十分な防御，つまり脆弱性を利用したものである。

　ネット社会においては，セキュリティソフトを導入すること，セキュリティソフトを最新の状態にアップデートすること，不審な添付ファイルを開いたり，暗号化されていないWi-Fiにつないで，重要な情報をやりとりしないこと，などは必ず実施すべきことだとされている。にもかかわらず，実際には，多くの人がこれらの対策を実行しておらず，その結果として被害が生じてしまっているのである。

　セキュリティの問題は，個々人の問題というだけではない。たとえば，標的型攻撃においては，組織内における最もセキュリティ的に脆弱なメンバーが，組織全体の脆弱性を規定してしまう。そのため，最弱メンバーのセキュリティ不全が，企業や学校の情報漏洩やシステムダウンなどの被害をもたらしてしまう場合がある。さらに，自分のパソコンが気付かぬうちにDDoS攻撃の踏み台になっていた場合には，迷惑メール配信や不正アクセス，場合によってはテロ攻撃に加担していることになってしまう。

　では，なぜセキュリティをないがしろにする人々がいるのであろうか。この問題は犯罪心理学の中でも防犯心理学的なアプローチによって研究がなされているテーマである。そこで本節ではこの問題について検討してみたいと思う。

4.4.2　リスク行動の分類と測定ツールの開発

　情報セキュリティ犯罪の被害を受けやすい人物には2つのタイプがあると思われる。ひとつはリスキーな行動をとりがちな者たちである。彼らは，怪しいサイトにアクセスしたり，信頼できないアプリをダウンロードしたり，個人情

報を SNS で公開したりする。もうひとつはセキュリティ対策に消極的な者たちである。彼らは，セキュリティソフトを導入していなかったり，アップデートを怠ったりしている。

　個人の情報セキュリティ犯罪に対する脆弱性を診断するためには，まず，これらの行動の個人差を測定するテストを開発することが必要であろう。この点について研究したものとして，越智（2018）の研究がある[31]。

　この研究では，まず，個人がリスキーな行動をとる程度について測定するテストが開発された。市販の一般向けのセキュリティ入門書から，情報セキュリティ上のリスク行動として挙げられている行動を，重複したものを除きつつ，網羅的に収集した。次に 18 歳以上の男女 1500 人にそれらの行動をどの程度行っているかについて，図 4.5 のように「まったく行っていない」から「よく行っている」まで 7 段階で評定させた。この結果をもとに因子分析という統計手法を用いて類似した項目をグルーピングして尺度を構成した。

　その結果，表 4.2 のように，リスク行動については 5 つのグループの行動に分けられたので，それぞれ 4 項目からなる尺度を構成した。さらにこの 5 つの尺度の合計点（ただし，フリー Wi-Fi 尺度と個人情報尺度は逆転項目なので，それを修正してから加算を行っている）を情報セキュリティ場面におけるリス

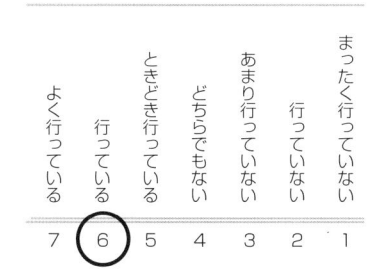

情報セキュリティにおけるリスク行動測定尺度

2. 怪しいアプリ（プログラム）をダウンロードしたことがある

よく行っている	行っている	ときどき行っている	どちらでもない	あまり行っていない	行っていない	まったく行っていない
7	⑥	5	4	3	2	1

図 4.5　リスク行動測定尺度の回答方法の例

ク行動得点とした。リスク行動尺度は正規分布に近い分布をしている。

　性別，年齢層ごとにそれぞれの尺度と 5 つの尺度の合計点からなる情報セキュリティにおけるリスク行動尺度をまとめたものを図 4.6 に挙げる。これを見ると，リスク行動は一般に年齢とともに減少していくこと，女性よりも男性のほうがリスク行動をとりやすいということがわかる。

表 4.2　情報セキュリティにおけるリスク行動測定尺度

＜サイト閲覧・ダウンロード系＞
1. 怪しいサイトを閲覧したことがある
2. 怪しいアプリ（プログラム）をダウンロードしたことがある
3. 怪しい動画や画像をダウンロードしたことがある
4. 怪しい添付ファイルを開いてしまったことがある

＜パスワード公共系＞
1. 電車内やカフェなど公共の場所でパスワード入力を行っている
2. 他人と共有のパソコンでパスワードを入力している
3. 他人の目の前でパスワードを入力することがある
4. パスワードを人に教えたことがある

＜パスワード管理系＞
1. ID やパスワードをパソコンに記憶させている
2. パスワードをノートやメモに書いている
3. パスワードを使い回している
4. 複数のアカウントで同一のパスワードを使用している

＜フリー Wi-Fi 系（逆転項目）＞
1. フリー Wi-Fi を使用するときは暗号化を確認する
2. フリー Wi-Fi の使用はできるだけ避ける
3. フリー Wi-Fi で重要な情報の送信は避ける
4. フリー Wi-Fi を使用するときは送受信する情報の内容に注意する

＜個人情報系（逆転項目）＞
1. 個人情報はできるだけウェブに載せないようにしている
2. SNS などでは公開範囲を限定している
3. 自分の写真をネットにアップする場合，一緒に写っている人に了解を取るか他人の顔を隠す
4. ネットに写真などを投稿する場合，位置情報が含まれていないかをチェックする

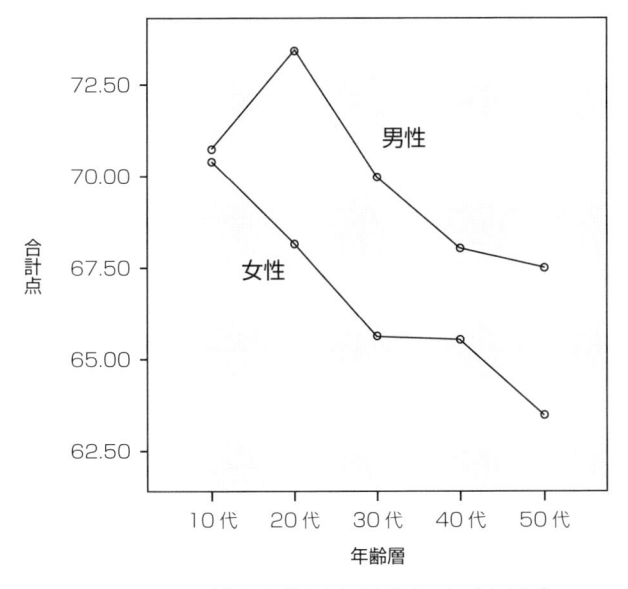

（合計点が大きいほどリスクが大きい）

図4.6　性別，年齢層ごとのリスク行動得点

4.4.3　セキュリティ強化行動の測定尺度の作成

　次に同様な方法論で，積極的にセキュリティ対策を行う程度についてのセキュリティ強化行動尺度を構成した。これを表4.3に挙げる。セキュリティ行動の分布を見てみると，おおむね正規分布に近い分布を示したが，セキュリティ対策をまったく行っていない参加者がある程度の割合で存在しているということがわかった。この得点の性別と年齢層ごとの違いを図4.7に挙げた。これを見ると，セキュリティ強化行動は，一般に年齢層とともに増加し，また，男性のほうが女性よりもセキュリティ強化行動をよく行っていることが示された。

　リスク行動尺度とセキュリティ強化行動尺度の相関係数は，$r = -0.259$となった。これらの行動は相反する行動であるように見えるが，この程度の相関だということは現実的には，リスク行動をとりやすい者はセキュリティ強化を

表4.3　情報セキュリティにおけるセキュリティ強化行動尺度

1. パスワードは頻繁に変更している
2. プログラムやアプリのバージョンアップはまめに行う
3. 添付ファイルを開くときはセキュリティソフトでチェックをする
4. 自分のパソコンはセキュリティソフトで定期的なチェックをしている
5. セキュリティソフトをまめにアップデートする
6. 添付ファイルを送るときはパスワードでロックする
7. パスワードを入力するときは後ろに人がいないかを確認する

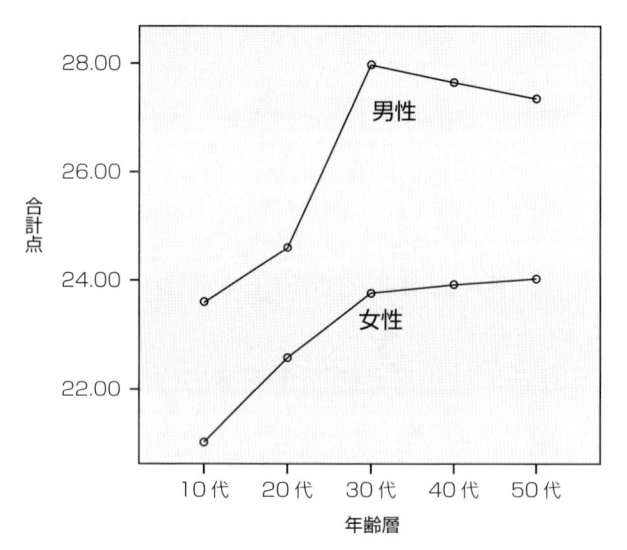

図4.7　性別，年齢層ごとのセキュリティ強化行動得点

行いにくいとか，セキュリティを強化している者がリスク行動を行いやすいとかいうだけでなく，リスク行動とセキュリティ強化行動を同時にとるハイリスク・ハイセキュリティの者や，その逆にリスク行動もセキュリティ行動もとらないローリスク・ローセキュリティの者なども存在することを示している。

　では，どの性別，どの年齢層が最も危険度が大きいのだろうか。これを明らかにするために個々の参加者ごとに標準化したリスク行動得点－標準化した

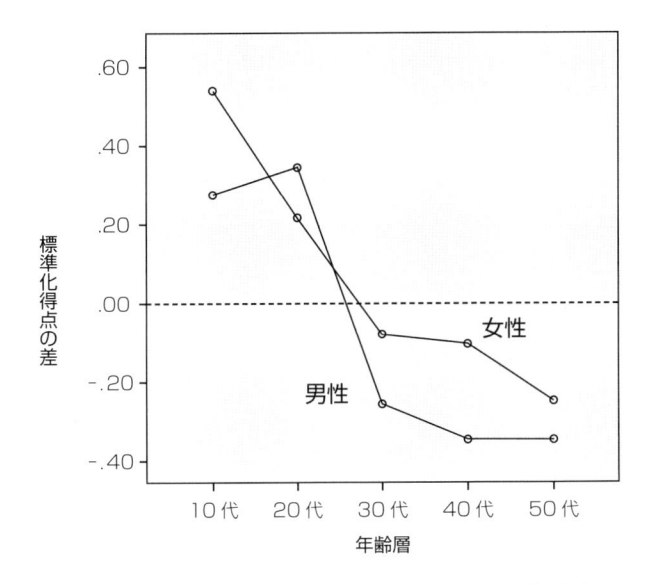

図4.8　性別，年齢層ごとのセキュリティ危険率

セキュリティ強化行動得点を算出した。その結果を図 4.8 に示す。これを見ると，年齢が増加するに従ってリスクは減少してくること，20 代を除けば，男性よりも女性のほうがセキュリティリスクをもっていることなどがわかった。

4.4.4　リスク行動，セキュリティ強化行動を規定する要因

　さて，ではなぜリスク行動を頻繁に行ったり，セキュリティ強化行動をとらない者がいるのだろうか。これを明らかにするために，越智（2017）は，個々人のリスク行動やセキュリティ行動を従属変数とし，セキュリティ教育歴やセキュリティに関するコスト感覚，周囲の人々のセキュリティに関する熱心さなどのさまざまな認知や態度を独立変数として，重回帰分析を行い，リスク行動，セキュリティ行動を促進させ，抑制させている要因を明らかにしようと試みた[31]。

　その結果，3 つの要因が重要であることがわかった。ひとつは，セキュリ

ティについての社会的な脅威に関する認知である。リスク行動をとる人はこの脅威をあまり感じていないことがわかった。つまりネット社会は安全であると思っているのである。二つ目はコスト感覚である。つまり，セキュリティ対策をするための時間的・経済的なコストがもったいないと思う場合には，リスク行動がとられやすく，セキュリティ強化行動もとられにくいということである。三つ目は身近な他者がセキュリティにどの程度熱心かということである。もちろん熱心な場合にはセキュリティ行動がとられやすく，リスク行動はとられにくく，熱心でない場合にはこの逆となる。

　一方で，セキュリティ教育歴やセキュリティソフトに対する信頼感などはほとんど影響していなかった。これは，人々にセキュリティ行動をとらせたい場合には，セキュリティに関する犯罪がまさに「いま，そこにある危機」であり，誰でも被害者になりうるのだと納得させることや，低いコスト（経済的にもセキュリティに要する時間や手間といった意味でも）で可能な技術を導入すること，対象者一人だけでなくグループ全体のセキュリティレベルを上げていくことが大切であるということなどを示している。

　興味深いことにこのような結果は侵入窃盗など一般犯罪の防犯行動と類似のパターンを示している。一般犯罪についても防犯行動が行われるかどうかは，第一に社会（たとえば，自分の家のまわり）がどの程度危険なのかについての認知に関係しており，それが安全であると思っていれば，たとえ防犯の知識があってもセキュリティ活動は行われないし，鍵を開けたままの外出などのリスク行動が発生する。また，もちろん，防犯行動についてのコスト感覚は実際にセキュリティ行動が行われるかと密接に関連するし，防犯水準は周囲の家々の水準と同様になることが多い。

【参考文献】

[1] 越智啓太：progress & application 犯罪心理学，サイエンス社，2012 年

[2] 越智啓太：犯罪捜査の心理学，新曜社，2015 年

[3] Merton, R. K.：Social Theory and Social Structure, The Free Press, New York, 1957.

[4] Sutherland, E. H.：Principles of Criminology, (4th ed), Philadelphia: J.B. Lippincott, 1947.

[5] Hirschi, T.：Causes of delinquency, Berkeley, CA: University of California, 1969.

[6] 島成佳，小松文子，小川博久，岡松さやか，高木大資：内部不正インシデント防止対策として有用な職場環境に関する分析と考察，マルチメディア，分散協調とモバイルシンポジウム 2013 論文集，pp.1217–1222，2013 年

[7] Clarke, R. V. & Cornish, D. B.：Modeling offenders' decisions: A framework for research and policy, Crime and justice, 6, pp.147–185, 1985.

[8] Cohen, L. E. & Felson, M.：Social change and crime rate trends: A routine activity approach, American sociological review, pp.588–608, 1979.

[9] Wilson, J. Q. & Kelling, G. L.：Broken windows, Critical issues in policing: Contemporary readings, pp.395–407, 1982.

[10] Keizer, K., Lindenberg, S., & Steg, L.：The spreading of disorder, Science, 322(5908), pp.1681–1685, 2008.

[11] Sampson, R. J. & Laub, J. H.：Desistance from crime over the life course, In Handbook of the life course (pp. 295–309), Springer US, 2003.

[12] Moffitt, T. E.：Adolescence-limited and life-course-persistent antisocial behavior: a developmental taxonomy, Psychological review, 100(4), pp.674–701, 1993.

[13] Gottfredson, M. R. & Hirschi, T.：A general theory of crime, Criminological theory: Past to present, pp.240–251, 2003.

[14] Moon, B., McCluskey, J. D., & McCluskey, C. P.：A general theory of crime and computer crime: An empirical test, Journal of Criminal Justice, 38(4), pp.767–772, 2010.

[15] Donner, C. M., Marcum, C. D., Jennings, W. G., Higgins, G. E., & Banfield, J.：Low self-control and cybercrime: Exploring the utility of the general theory of crime beyond digital piracy, Computers in Human Behavior, 34, pp.165–172, 2014.

[16] Bossler, A. M. & Holt, T. J.：The effect of self-control on victimization in the

cyberworld, Journal of Criminal Justice, 38(3), pp.227–236, 2010.

[17] Pabian, S., De Backer, C. J., & Vandebosch, H.：Dark Triad personality traits and adolescent cyber-aggression, Personality and Individual Differences, 75, pp.41–46, 2015.

[18] Madan, A. O.：Cyber aggression/cyber bullying and the dark triad: Effect on workplace behavior/performance, International Journal of Social, Management, Economics and Business Engineering, 8(6), pp.1725–1730, 2014.

[19] Douglas, J. E., Ressler, R. K., Burgess, A. W., & Hartman, C. R.：Criminal profiling from crime scene analysis, Behavioral Sciences & the Law, 4(4), pp.401–421, 1986.

[20] 田村雅幸：犯人像推定研究の 2 つのアプローチ，科学警察研究所報告 防犯少年編，37(2)，pp.114–122，1996 年

[21] 田村雅幸：犯罪者プロファイリング研究の現状と未来，刑政，111(8)，pp.20–30，2000 年

[22] 大上渉：日本における国内テロ組織の犯行パターン，心理学研究，84(3)，pp.218–228，2013 年

[23] Landreth, B. & Rheingold, H.：Out of the inner circle: a hacker's guide to computer security, Bellevue, Washington: Microsoft Press, 1985.

[24] Rogers, M. K.：A two-dimensional circumplex approach to the development of a hacker taxonomy, Digital Investigation, 3(2), pp.97–102, 2006.

[25] Seebruck, R.：A typology of hackers: Classifying cyber malfeasance using a weighted arc circumplex model, Digital Investigation, 14, pp.36–45, 2015.

[26] eCrime watch survery：2014 US State of Cybercrime Survey CERT, 2014.

[27] Randazzo M, Keeney M, Kowalski E, Cappelli D, Moore A.：Insider threat study: illicit cyber activity in the banking and finance sector. Washington, DC; Pittsburgh, PA: National Threat Center, U.S. Secret Service, CERT Coordination Center, Software Engineering Institute, Carnegie Mellon University; August 2004, 2004.

[28] Keeney J, Kowalski E, Cappelli D, Moore A, Shimeall T, Rogers S.：Insider threat study: computer system sabotage in critical infrastructure sectors, Washington, DC; Pittsburgh, PA: National Threat Center, U.S. Secret Service, CERT Coordination Center, Software Engineering Institute, Carnegie Mellon University; May 2005, 2005.

[29] 社会安全研究財団：情報セキュリティにおける人的脅威対策に関する調査研究報告書，社会安全研究財団，2010 年

[30] Shaw, E. D. & Fischer, L.：Ten tales of betrayal: an analysis of attacks on corporate infrastructure by information technology insiders, volume one, Monterrey, CA: Defense Personnel Security Research and Education Center, 2005.

[31] 越智啓太：情報セキュリティ行動を促進・抑制する要因，法政大学文学部紀要, 77，pp.77–104，2018 年

第3部

「セキュリティの心理学」の
確立に向けて

第5章

セキュリティの課題と心理学の役割

「過つは人の常，許すは神の業」，"To err is human, to forgive divine". といわれるように，人にエラーはつきもので人は常に過つ存在である。3.1 節で述べているように，エラーがもつ特徴の違いを理解することは，エラーの発生を予測したり，防止したり，発生による被害を小さくしたり，さらには発生からの回復を容易にするための第一歩である。安全問題においてエラーのモードを理解することは重要であるが，セキュリティでも同様である。また，3.2 節で述べているように，セキュリティとは，行為としてのエラーが発生する前の仕組みに攻撃者がかかわり（予測，制御），それによって攻撃を成功させようとするものである。こうした攻撃者の試みに対抗するためには，行為としてのエラーだけでなく，その背後にある仕組みにも注目する必要がある。すなわち，エラー発生の背後要因となる認知心理のメカニズムの理解がセキュリティ対策のために重要である。

5.1　セキュリティの影響と対策

インターネットの世界的な拡がりにより，企業内の利用から，不特定多数の人たちがアクセスするようになり，悪戯心や悪意をもった人たちがコンピュータに対して危害を加えることが多くなってきた。このような状況から，悪戯心や悪意をもった人たちをどのように防ぐかを考える必要が発生し，ネットワークやシステムを防御する機器やソフトウェアの導入が行われるようになってきた。

　上に示した課題はじつは，技術ではなく人間に起因するセキュリティの問題で，情報セキュリティにおいて「最大の弱点は人間である」といわれるゆえんである。コンピュータやネットワークを利用しているのは人間であり，人間のもつ脆弱性を利用して，正規の情報を盗取することにより，堂々と侵入を試みる攻撃者も出てきた。このような技術は，「ソーシャルエンジニアリング」とよばれている。正規の利用者になりすまされると，セキュリティ機器やソフトウェアのセキュリティ機能では対処できないため，その攻撃方法や防御方法を考える必要が出てきた[1]。かつて世間を騒がせた"伝説的ソーシャルエンジニア"であるケビン・ミトニックも，「セキュリティは技術の問題ではない。人間とマネジメントの問題である」と述べている[2]。残念ながら，人間の弱点を突くソーシャルエンジニアリングについては，その攻撃方法や対策について解説する書籍などはあるが，その多くがセキュリティ専門家を対象にしているというのが実態である。しかし，多くの関係者が利用する今日の情報システムにおいて必要なのは，専門家だけでなく利用者の教育までを含めた総合的な対策である。

　セキュリティ担当者は，攻撃者が利用しているあるいはもっている知見を把握し，そのための防御を考えるだけでなく，IoT システムの利用者などに対する教育・訓練などを行うことにより，攻撃者から IoT システムの資産を守る方策を考える必要がある。教育・訓練などでは，心理学や行動科学，犯罪学などの知見を利用して，効果的な教育方法とすることが必要である。「セキュリティの心理学」は，このような攻撃者と利用者の人間特性を理解し，機器・ソフトウェアの能力を把握し，システム全体として総合的な対策を講じる方策を検討することを目的としている。

　IoT システムを管理・運用するのも，それらを利用するのも，攻撃者も人間である。このため，最も課題が多いのは人間であるが，その一方で柔軟な対応が可能なのも人間である。人の行動特性を知ることが，セキュリティの心理学では大切な要素になる。

5.2　攻撃者と被害者の関係

攻撃者と被害者を厳密に分けることは，情報セキュリティの世界では困難な場合がある。一般的には，攻撃者が被害者になることはないが，被害者が攻撃者になることは多々ある。たとえば，マルウェアに感染した被害者から，さらにマルウェアが他の被害者に送られることも珍しくない。「自分は他人からマルウェアに感染させられたのだから，他人にマルウェアの感染を広めたとしても，攻撃者ではない」との反論もあるが，マルウェア対応をせずに，感染して，他人に感染を広げた場合，法的な問題は別にして，攻撃者とみなされてもおかしくないであろう。

5.2.1　利害関係者の関係

セキュリティの利害関係者としては，基本的には攻撃者と被害者がいる。また，表 1.1 に示したように攻撃者はさらに外部からの攻撃者と内部犯行者に分けられ，その特性が異なるため対策もまったく異なる。前者では深層防護による対策，後者では教育の徹底などの人間管理が重要となる。5.3 節に内部犯行者の特性を示す。また外部からの攻撃者については，5.6 節で代表的なテクニックであるソーシャルエンジニアリングについて述べる。また被害者側も，セキュリティ対策の専門家と一般ユーザに分けられ，前者については，安全問題で安全文化の重要性が叫ばれているのと同様にセキュリティ文化の涵養が大切である。一方，後者ではリスクリテラシーを習得することが望まれる。一般ユーザの被害者の特性については，5.5 節に示す。

5.2.2　人間と機械の関係

人間と機械の関係は，表 5.1 に示すように，人間と機械との組み合わせで 4 種類に分類できる[3]。

表5.1　攻撃者と被害者の関係

攻撃者，加害者（内部，外部）	手法	被害者
人間	ソーシャルエンジニアリング 添付ファイル	人間
人間	生体偽造	機械（ハード，ソフト）
機械（ハード，ソフト）	ビッシング 偽装 ID マルウェア	人間
機械（ハード，ソフト）	MAC アドレス詐称	機械（ハード，ソフト）

（参考文献 [3] を基に作成）

- 人間：人間が特別な機器を使わずに行う騙し，あるいは騙される場合。対面の場合もあるが，内蔵プログラムなどをもたない機器（電話，FAXなど）などが利用される場合もある。攻撃者には，外部からの攻撃者と内部犯行者がありうる。
- 機械（ハード，ソフト）：内蔵プログラムなどをもつ機器が行う騙し，あるいは騙される場合。基本的には，人間が内蔵プログラムを実装して機能する。ただし，機械が学習する，あるいは他の機械にプログラムを実装することもある。主体となる人間が，プログラムの作成および実装をして利用する場合や，第三者の作成したプログラムを実装して利用する場合もある。

　攻撃者は，意志（故意や興味本位など）をもって，目的とする情報資産の盗取や破壊（改ざん，消去）を行う。そのとき攻撃者は，攻撃目標に対して，心理学や行動科学，犯罪学などの知見を利用して攻撃し目的を達する。ただし，攻撃目的は，直接的な目的（情報資産の盗取・破壊）と，間接的な目的（最終的な目的を達成するための情報などを得ること）の場合がある。

　防御者は，攻撃者側の攻撃手法を知り，被害者側（セキュリティ専門家と一般ユーザ）の人間特性を考慮したうえで，それに対する防御対応も考える。防

御者は，攻撃者が利用したあるいはもっている知見を推定し，そのための防御を考えることがまず重要である。しかしそれだけでなく，情報資産の利用者などに対する教育・訓練などを行うことにより，攻撃者から情報資産を守る方策を考える必要がある。防御側では，以下の 2 種類の人間の教育を考慮する必要がある。

- 攻撃手法を知り，その対抗手段などを熟知しているセキュリティ専門家の育成
- 教育・訓練を受けることで，心理学や行動科学，犯罪学などの知見を利用して基本的な対応ができる一般ユーザのリスクリテラシーの醸成

5.2.3　攻撃のタイプの分類

　2.4 節に示したように，攻撃のモデルは 3 つのタイプに分けられる。ひとつ目は，システムオペレーターのような内部犯行者やハッカーのような外部からの攻撃者による直接的な攻撃であり，これにはいわゆる（敵を知る）専門家によるセキュリティ対策が必要であろう。二つ目は間接型であり，ソーシャルエンジニアリングがその典型である。対策は人間の弱点を狙われるため難しいが，人間の弱点を知りまたエラーの背景要因を理解する（己を知る）ことにより対策を立案することが肝要である。

　三つ目は，セキュリティの問題としては特異な現象であるが，悪意のない（未必の故意より軽度の違反行為）集団行動により，結果的に攻撃的に見える影響（アクセス超過のような被害）を及ぼすことがある（集団浅慮，社会的手抜きなどの心理特性が原因と分析できる）。資産の重要性認識を高める方法とシステム的に異常を早期発見する対策を取ることが必要であろう。

5.3　内部犯行者の分析

　内部犯行者がセキュリティ攻撃を行う目的としては，興味本位，恨みや不

満，金銭目的などが考えられる。内部者は対象とする情報に対して，アクセスする権限を常にもっている訳ではないが，権限者の近くにいる可能性が高いので，外部者より犯罪を行いやすい傾向がある。絆理論（4.2.3項参照）に基づき，組織論的な対応が有効であろう。

内部者の犯行には，以下の3種類がありうる。

- システムの悪用：たとえば，給与プログラムを修正して，端数を自分の口座に振り込む
- 情報盗取：たとえば，個人情報や知的財産などの情報を盗取し他社に売る，あるいは転職時にその情報を一緒に持ち去る
- システムや情報の破壊：たとえば，個人で利用しているコンピュータや情報機器などを壊す，あるいは情報を削除・改ざんする

内部犯行については，4.3.3項に示した代表的な研究によれば，もともと問題があった人物によるものが多い。国内研究によれば，犯行パターンを，システム破壊，システム悪用，情報流出Ⅰ：個人的な利得を得る，情報流出Ⅱ：心理的な満足を得る，の4種類に分類できるとしている。またその動機からは，道具的犯罪を意味する金銭目的犯罪者（Proprietors）と表出的犯罪を意味する復讐目的犯罪者（Avengers）に分類できるとしている。いずれにしても人間管理の対策が必要となろう。

5.4　外部からの攻撃者の分類

プロファイリング手法の研究の一環として，4.3.2項にハッカーの分類がいくつか提案されている。ハッカーのスキルと動機に基づき，いたずら（mischief），知的チャレンジ（intellectual challenge），スリル（thrill），自我高揚（ego boost），犯罪利益目的（criminal profit）の5種類に分類した。また動機に基づき，復讐（revenge），金銭目的（financial），名声（notoriety），好奇心（curiosity）の4つのタイプに分け，さらにスキルのレベルによりレベル分けし，

結果的に 8 種類に分類できるとしている。いまだそれぞれのカテゴリーの詳細な属性までは把握できていないが，今後の研究の進展に期待したい。

5.5　被害者の特徴

　「最大のセキュリティホールは人間である」といわれているように，多くのセキュリティ犯罪は個人のもつ脆弱性をうまく利用したものである。4.4.2 項に示すように，セキュリティ犯罪の被害を受けやすい人物には 2 つのタイプがあると思われる。ひとつはリスキーな行動をとりがちな人物である。もうひとつはセキュリティ対策に消極的な人物である。対策としては，いずれのタイプにしてもリスク行動や消極的対応が危険であることを認知させ，またコストのかからない対策を提示してあげることであろう。

　FBI 資料において，攻撃者は人間がもつ以下のような願望や傾向を巧みに悪用すると記述されている[4]。

- 知らない人や初めて会った人に対してでさえも，礼儀正しく，役に立つ人間でありたい
- とりわけ自分の専門分野に関しては，十分な知識をもっていると思われたい
- 自分は評価されており，重要な事柄に貢献していると感じたい
- 褒められたり，激励されたりすると，さらに多くの事柄を話し，ひけらかしたくなる
- うわさ話を好む
- 他人の間違いを訂正しようとする
- ある情報を求められたり，与えられたりした際，その情報の他の使い道がよくわからないと，情報の価値を過小評価してしまう
- 他人は正直だと信じ，疑おうとしない
- 率直な質問をされると，事実を正直に回答してしまう

• 他人を自分の意見に賛同させようとする

　誘導質問術は，上述のような人間の特性を知っているだけで直ちに悪用できるようなものではない。すなわち，対象組織の体制や，業務で使われる専門用語，業務処理の常識などについての事前知識を得たうえで，多くの訓練を経てはじめて使用できるものである。しかし，実際にこうした誘導質問術が，さまざまなところで悪用されているというのも事実である[5]。

　ロバート・B・チャルディーニによれば，人間には以下に示す6つの脆弱性（Six weapons of influence）がある[6]。これを利用したさまざまなテクニックで攻撃を仕掛けてくるので，人間のもつ弱さを自覚し，さまざまな攻撃を予測しておくことが必要となる。

A　返報性：親切や贈り物，招待などを受けると，それを与えてくれた人に対して将来お返しをせずにいられない気持ちになる

B　コミットメントと一貫性：自由意志によりとった行動がその後の行動にある拘束をもたらすことで，代表的なものに以下のような手法がある

① ローボールテクニック：最初にある「決定」をさせるが，決定した事柄が実現不可能であることを示し，最初の決定より高度な要求を認めさせる方法。たとえば，特売の商品を購入しにきた客に，購入の手続きの最中に在庫がなく当該の商品は購入できないが，色違いの少し高いものならあるといって高い商品を購入させてしまう。

② ドア・イン・ザ・フェイステクニック：最初に実現不可能な要求を行い，対応できない状況の中で，それに比べて負担の軽い要求をしてそれを実現させる方法。たとえば，法外な借金の依頼を最初に行い，断られたら少額の借金を申し出てそれを承諾させる。

③ フット・イン・ザ・ドアテクニック：最初に誰もが断らないようなごく軽い要求に応えてもらい，次のより重い要求の承諾を得る方法。たとえば，最初に簡単な署名を依頼し，その後時間がかかる調査に協力してもらう。

C　社会的証明：他人が何を正しいと考えているかによって，自分が正しいかどうかを判断する特性

D　好意：好意をもっている人から頼まれると，承諾してしまうというもの。パーティを開いて，商品を購入させる場合，好意をもっている隣人がホスト役として販売を行うと，そうでない場合に比べて簡単に購入してしまう

E　権威：企業，組織の上司など権威をもつ者の命令に従ってしまう

F　希少性：手に入りにくいものであるほど，貴重なものに思え，手に入れたくなってしまう特性

　情報セキュリティというと「サイバー攻撃」のようなものを連想しがちだが，実際にはこのような一見単純な（実際には非常に巧みな）ソーシャルエンジニアリングによって情報が盗み取られるケースも少なくない。企業における情報セキュリティにおいて，アプライアンス製品やセキュリティソフトウェアの導入だけでは，ソーシャルエンジニアリング攻撃には対応できない。ソーシャルエンジニアリング攻撃に対抗するには，簡単な通達や一方通行の教育で対応できるほど簡単ではなく，人間の心理的な脆弱性やそれを突く攻撃について知り，その対策を組織的に見直し，個人の教育・訓練を行っていく必要がある。

5.6　ソーシャルエンジニアリングとは

　ソーシャルエンジニアリングの定まった定義はないが，目的とするシステムに対して技術的な攻撃を利用して侵入を図るものではなく，人間の心理的側面を巧みに利用し，情報の取得，改ざん，破棄を受動的，能動的に実施させる手段である[7]。ソーシャルエンジニアリングの目的としては，以下のようなことが考えられる。

- 施設，システムへの侵入
- 情報を取得するための情報収集

- 情報を開示させる
- 情報を破棄，破壊，変更させる

　ただし，必要な情報を取得する直接的な対象は，必ずしも人だけではなく，ごみ箱をあさって書類，マニュアル，記録媒体などを収集するといった手法も該当する。また，ディスプレイ画面に表示されている内容を盗み見する，電子メールで偽情報を送付して偽サイトにおびき寄せてユーザ ID やパスワードを収集することも，ソーシャルエンジニアリングに含まれる。

5.6.1　ソーシャルエンジニアリングの範囲と手法

　ソーシャルエンジニアは，目的のものを盗取するために，多くの方法を駆使して情報収集や情報盗取を行う。

- なりすまし：他人になりすまし，必要な情報を収集する。電話利用が多いが，電子メールや手紙，FAX などを利用することもある。最近の標的型攻撃やフィッシングでは，電子メールを利用することが多い。
- ゴミ箱あさり：トラッシング（Trashing）とか，Dumpster Diving と呼ばれるが，廃棄されたゴミから，目的情報を取得する。ハードディスクなどの磁気媒体や CD，DVD，マニュアル，報告書，重要書類などを回収し，有効情報を得る。
- サイト侵入：清掃員，電気・電話工事人，警備員などになりすまし，オフィスや工場などに侵入する。
- のぞき見：他人のものをのぞき見するもので，情報が机上やコンピュータ上に露出しているものを意識的にのぞき見し，情報収集を行う。
- その他：メーリングリスト，ブログなどの質問メッセージを利用し，質問者の技術レベル，利用システム，ソフトウェア，セキュリティなどの情報を収集する。

5.6.2　ソーシャルエンジニアリングの対策

　孫子の「敵を知り，己を知る」ことにつきる。まず，ソーシャルエンジニアの手口を調査・分析して理解することが重要である。被害者側には，ソーシャルエンジニアの攻撃手法などの知見を与えるだけでは不十分であり，実例に基づくまた対策も含めた実践的な教育・訓練を行う必要がある。たとえば，標的型メール攻撃に対しては，単に「クリック率を下げる」ことだけでなく，万一「クリックしてしまった場合の対応」などまで考えた教育・訓練が必要になる。

　教育・訓練については，単に個人を教育・訓練するのではなく，組織としての対応，「セキュリティ文化」の醸成が必要であり，ソーシャルエンジニアリング対策に大きく貢献する。

　基本的な対策としては以下のようなことが考えられる[8]。

- 組織におけるセキュリティ文化／安全文化を醸成する
- チェックリストを活用する
- セキュリティポリシーの周知（各項の背後の理由・狙いなど）
- ソーシャルエンジニアの考え方を理解する
- 攻撃の可能性はすべてにあることを理解させる
- 過去事例・ケースなどで教育・訓練の実効を高める
- 疑わしい場合の連絡と連絡先の明確化
- セキュリティ製品の導入（Anti-Virus，ファイアウォール，脆弱性対応など）

個別の対策としては，以下の例を参考に策定することが考えられる。

- 電話でのなりすまし
  - ＊ 相手の身元確認を組織で習性とする（コールバックなど）
  - ＊ 電話機に「防止」ステッカーの貼付
  - ＊ 自分だけで判断せず，上司・同僚と情報共有する

- ＊ 部門毎に重要な情報資産を理解する
- ゴミ箱あさり
  - ＊ 重要な資料は，溶解する
  - ＊ 廃棄資料保管場所は施錠を行う
- サイト侵入
  - ＊ 入館は「友連れ」防止を行う
  - ＊ 身分証明を確実に行う
  - ＊ 日常的なオフィス清掃などは勤務時間内に行う
  - ＊ 休日／時間外作業には立ち会う
- のぞき見
  - ＊ パスワード入力では，のぞき見（ビデオ撮影）に注意する
  - ＊ 空港など公共空間での情報機器の利用には十分な注意を
- メール添付／埋込 URL
  - ＊ ウェブの管理は，外部からできない仕組みにする（イントラネット利用）
  - ＊ 標的型メールの真偽の判定方法の訓練（添付ファイルのクリック前の確認も）
  - ＊ 不特定多数からメールを受ける場合，ウェブ入力形式の採用を検討する
  - ＊ 機密性が高い情報を扱う場合には，入退室とシステムへのログインを同期させる
- メール埋込
  - ＊ 重要情報をメールで確認することはない
- メーリングリスト（ML）
  - ＊ 所属がわかるメールアドレスを ML で利用しない
  - ＊ 所属組織の問題がわかるような事柄を ML に投稿しない
  - ＊ ML で質問した内容を 1 対 1 メールでは質問しない

- パスワード推測
  - ＊ 名前，電話番号，趣味などをパスワードに使わない
  - ＊ 複数のシステムで同一パスワードを使わない

【参考文献】
[1] @IT：「セキュリティ心理学」入門 第 1 回 "適度な不信感" をベースに考える「人間のセキュリティ」，セキュリティ，Security & Trust

[2] ケビン・ミトニック：シークレット・オブ・スーパーハッカー，1994 年

[3] @IT：「セキュリティ心理学」入門 第 3 回 「誘導質問術」の恐怖―あなたにもある "六つの脆弱性"，セキュリティ，Security & Trust

[4] FBI：Elicitation Techniques, https://www.fbi.gov/file-repository/elicitation-brochure.pdf

[5] DHS：Elicitation: Would You Recognize It? ―Security Through ..., https://www.social-engineer.org/wiki/archives/BlogPosts/

[6] ロバート・B・チャルディーニ：影響力の武器，誠信書房，2007 年

[7] ケビン・ミトニック，ウィリアム・サイモン：欺術―史上最強のハッカーが明かす禁断の技法，ソフトバンククリエイティブ，2003 年

[8] 品質保証研究会 特別講演：セキュリティ心理学の考察～人間中心のセキュリティ確立～，2016 年 6 月 6 日（月）

第6章

「セキュリティの心理学」の
課題と対策

犯罪学の分野では，2.4.4項に示すように，人が不正行為に及ぶメカニズムとして，機会，動機，正当化の3つの要素が揃ったときに起きる「不正のトライアングル」という考え方がある。そうであれば，機会，動機，正当化の3つを与えないことが対策となる。また，4.2.3項で示した絆理論では，「愛着」，「投資」，「巻き込み」，「規範意識」の4つの絆により犯罪を犯さないように我々を順社会的な環境につなぎ止めていると考えている。そうであれば，「愛着」，「投資」，「巻き込み」，「規範意識」の4つの絆に訴えかける対策を取ればよい。いずれにしても，犯罪防止には以下に述べるような犯罪機会論や環境犯罪学の知見を利用した対策が有効であろう。犯罪学や犯罪心理学における知見を，セキュリティの心理学の分野へも応用してセキュリティ犯罪へ対応することも必要になりつつある。「セキュリティの心理学」の分野の考え方や対策の現状を以下に示す [1] [2]。

6.1 犯罪機会論と性弱説

犯罪機会論によれば，犯罪は，犯罪企図者が犯罪機会に遭遇することで成立する。この成立要件を満足しなければ，原理的には犯罪は起こりえない。この成立要件を発生させない手法として，「犯罪機会論」と「犯罪原因論」という2つの考え方による防犯方法論がある。犯罪者に犯罪の機会を与えないことに

より，犯罪を未然に防ぐ取り組みが「犯罪機会論」であり，人が犯罪者となる社会的背景を究明しそれを除去することにより，犯罪を防止しようとする取り組みが「犯罪原因論」である。

　「犯罪機会論」では，犯罪者は正常な普通人であるとの前提であり，普通人は犯罪機会の誘惑に弱い存在であることを性弱説と呼んでいる。多くの人は，誘惑や苦しみに負けてしまう「弱い心」をもっている。表6.1 には，小宮がまとめた『犯罪は「この場所」で起こる』で示された，犯罪防止の社会的なシステムの特性を示す。社会として表のような，犯罪の抵抗性が強い（犯罪に強い要素），バリアの機能が強い（ハードな要素），あるいは犯罪防止の意識が高い（ソフトな要素）といった要素を備えていれば，犯罪者はあえて犯行に及ぶことはないと考えられている[3]。

表 6.1　犯罪機会論と性弱説 ― 犯罪は「この場所」で起こる
（犯罪は「この場所」で起こる：小宮信夫，光文社新書，2005）

		犯罪に強い要素	ハードな要素	ソフトな要素
標的		抵抗性 犯罪者から加わる力を押し返そうとすること	恒常性 一定不変なこと	管理意識 望ましい状態を維持しようと思うこと
場所 （地域）		領域性 犯罪者の力が及ばない範囲を明確にすること	区画性 区切られていること	縄張意識 侵入は許さないと思うこと
		監視性 犯罪者の行動を把握できること	無死角性 見通しのきかない場所がないこと	当事者意識 自分自身の問題としてとらえること

6.2　環境犯罪学

　行動経済学で，組織が合理的に失敗するメカニズムを説明したが（表 1.2），犯罪心理学においても，4.2.4 項に示した「人間は自己利益の最大化を目指して，合理的に判断し合理的に行動する」と考える「合理的選択理論」と呼ばれ

る理論がある。通常であれば，人は合理的判断により不利な犯罪には向かわないはずであるが，人は置かれた環境や状況によっては人間のもつ弱さ（性弱説）のために，誘惑に負けることがある。Kelling の提唱した「割れ窓理論」は，ニューヨークのジュリアーノ市長による，徹底的ないたずら書きの削除（環境整備）が犯罪防止に有効であったことで有名である。

図 6.1　防犯環境設計の基本的な 4 手法による犯罪予防
（第 2 次さいたま市 防犯のまちづくり推進計画，さいたま市，平成 26 年 3 月）

　CPTED（Crime Prevention Through Environmental Design：防犯環境設計）とは，犯罪が発生する場合，それを企てる者とその対象者（物）があり，さらに犯罪を行いやすい環境があるときに起こるという考え方を踏まえ，その環境を改善し犯行の機会を取り除くものである。具体例としては，コンビニのレジの配置や公園に面した道路の構造など，ハード的側面からの環境整備の必要性が認識されるようになってきた。これまでも防犯パトロール活動や地域安全活動など，ソフト的な防犯活動が行われてきたが，依然として多い犯罪に対しより一層，安全・安心のまちづくりを推進するため，ソフト活動の強化に加え，犯罪防止に配慮した環境設計活動などハード対策に取り組む必要性が示された[4]。

　この CPTED は，日本の警察行政において早くから着目され，1980 年代から調査研究やモデル的な試行が重ねられている。その基本的な手法は大きく4つに分けられ，図 6.1 に示すように，①犯罪の誘発要因を除去する「被害対象の強化・回避」，②犯罪を企てる者の接近を防ぐ「接近の制御」，③部外者が侵入しにくい環境をつくる「領域性の強化」，④多くの人の目が届くよう見通しを確保する「監視性の確保」である。

6.3　状況別犯罪防止論

　「犯罪機会論」に立脚した防犯理論のひとつが，「状況別犯罪防止論」である。犯罪を起こしやすい状況を改善し犯罪を起こしにくい状態に変えていく防犯対策を提言しており，罪種毎にきめ細かく防犯対策を行うものである。Derek B. Cornish と Ronald V. Clarke は，2003 年に「状況別犯罪防止論」を提唱し，対象を 5 グループに分類しさらに 5 つに細分化し，計 25 項目の防止テクニックを発表した。その項目を表 6.2 [5] にまとめてある。また，日本での適用を考えて訳した用語も含め示してある[6]。この研究では現実世界が犯罪対象であるが，IoT システムのセキュリティ対策にも適用できると考える。

　状況別犯罪防止論の 5 グループの，情報セキュリティ分野の内部不正の抑制手法への適用を甘利らが提言している[7]。

表 6.2　状況別犯罪防止論に基づく基本対策 (Techniques of Situational Prevention)
(B. Cornish and V.Clarke. Twenty-five Techniques of Situational
Crime Prevention. 2003) (情報セキュリティ心理学の体系化を目指し
て：内田勝也)

Increase the Effort 犯罪予防策の増強	Increase the Risks 犯罪へのリスクを高める	Reduce the Rewards 犯罪報酬の減少	Reduce Provocations 犯罪誘因の減少	Remove Excuses 犯罪弁明の排除
1. 犯罪対象物の強化 • Immobilizers in cars • anti-robbery screens	6. 防犯意識の向上／拡大 • cocooning • neighborhood watch	11. 犯罪対象物の隠蔽 • gender-neutral phone directories • off-street parking	16. フラストレーション／ストレスの削減 • efficient queuing • soothing lighting	21. ルール設定 • rental agreements • hotel registration
2. 入退館アクセス管理 • alley-gating • entry phones	7. 自然管理性の支援 • improved street lighting • neighborhood watch hotlines	12. 犯罪対象物の排除 • removable car radios • pre-paid public phone cards	17. 紛争の回避 • fixed cab fares • reduce crowding in pubs	22. 指示標識の提示 • 'No parking' • 'Private property'
3. 出口での審査 • electronic tags for libraries	8. 匿名性の排除 • taxi driver ID's • 'how's my driving?' signs	13. 所有者の明確化 • property marking • vehicle licensing	18. 感情の高まりの削減 • controls on violent porn • prohibit pedophiles working with children	23. 良心への警告 • roadside speed display signs • 'shoplifting is stealing'
4. 犯意をそらす • street closures in red light district • separate toilets for women	9. 施設管理者の利用 • train employees to prevent crime • support whistle blowers	14. 裏市場をなくす • checks on pawn brokers • licensed street vendors	19. 仲間からの圧力の無力化 • 'idiots drink and drive' • 'it's ok to say no'	24. 法令遵守への支援 • litter bins • public lavatories
5. 道具／武器の管理 • toughened beer glasses • photos on credit cards	10. 公共監視の強化 • speed cameras • CCTV in town centers	15. 犯罪利益をなくす • ink merchandise tags • graffiti cleaning	20. 模倣犯罪の抑止 • rapid vandalism repair • V-chips in TV's	25. 薬物／酒の統制 • breathalyzers in pubs • alcohol-free events

（1）　犯罪予防策の増強（Increase the Effort）

　　犯罪を物理的・論理的に予防するものであるが，さらに，1. 犯罪対象物の強化，2. 入退館アクセス管理，3. 出口での審査，4. 犯意をそらす，5. 道具／武器の管理，に細分化している。

　　これらに対応する対策としては，①アクセス制御，②脆弱性パッチの適用，③暗号化，④ USB など外部ポートの制限，⑤ソフトウェアによる外部装置への書き込みの無効化，などが考えられる。

（2）　犯罪へのリスクを高める（Increase the Risks）

　　犯行がわかる仕組みを構築すれば，抑止力として働く。ここでは，6. 防犯意識の向上／拡大，7. 自然管理性の支援，8. 匿名性の排除，9. 施

表 6.3　状況別犯罪予防論をベースとした内部不正抑制手法（外部にも適用可能）
（セキュリティ実現の原点からみた内部要因事故抑制手法：甘利廣文）

	予防策の増強 （物理的にできない）	発覚リスクの増強 （やると見つかる）	利得の抑制 （割に合わない）	誘因の排除 （その気にさせない）	弁解余地の排除 （言い訳を許さない）
対象物の強化	対象物の強化 収納、施錠徹底 保管庫・金庫の導入 情報アクセス制限の設定 情報アクセスの認証活動実施	防犯意識の向上 ID証装着励行・声掛け徹底 貸出し管理実施（ログ記録） インシデントへの迅速報告徹底 防犯意識向上の啓発活動実施	対象の隠蔽 現金・貴重品・情報の接者限定 存在情報の限定提供 組織の融通性との勘案 情報提供・秘匿ポリシー策定	フラストレーション・ストレス削減 良好な職場内コミュニケーション確保 面接・コーチングの実施 従業員の経済状況把握と支援 生活習慣の把握と対応	ルールの設定 社会正義優先原則の宣言 啓発書の回収 社内規定の繰返し指導・確認 規定の定期的見直し・修正
入口でのコントロール	入室管理の実施 「資格と必要性」の確保 入室ログ取得と管理 カード型IDカード等の認証性強化	自然監視性確保 死角排除による視認性確保 遮蔽物の整理・レイアウト工夫 PCデバイス視認性確保 時間帯の死角排除（単独禁止等）	対象の除去 キャッシュレスシステム導入 不要在庫・備品の適正処分・管理 不要情報の確実な消去・廃棄 処分・廃棄の確認（監査）	争いの回避 配属先配慮などの人事施策 「組織存在意義・文化」明示 組織内派閥の解消 「適材適所」人事の徹底	指示サインの明示 諸室での制限事項等の明示 資料などの社外秘等サイン明示 組織規定集の配布 社内ネットでの規定公開
出口の検査	退出管理の実施（ログ記録） 電子タグ等による持出し管理 GWでの出情報（流出）等の管理 所持品検査（監査）の実施	匿名性の排除 ID証装着の徹底 出入・行動ログ取得／管理 プリント物／情報ファイルのログ管理 全ての人間で実施（例外排除）	所有者の明瞭化 物へのID付与 情報へのID付与と変更禁止処理 任品・備品の付番管理徹底 漏洩情報の特定技術導入	感情のコントロール 従業員の不平不満への対応 定期的面接の実施 ハラスメントの発見と対応 透明性・納得感のある人事／処遇	良心への働きかけ 良心に働きかける標語の制定 掲示・配布による標語の周知 全員専用による標語の浸透促進 組織からの従業員への「信頼」表明
接近性の抑制	重要エリアへの出入限定 重要情報の取扱機会の低減 持ち出し容易性の削減	管理者の活用 明示的な監視の実施 管理者の監視力付 従業員の意識醸成 組織文化醸成、指導・是正実施	転売市場へのかけ入 ネットオークション情報チェック ネット要情報チェック ポリシー宣言と迅速通報出／法的対応 情報公表と情報収集窓口の設置	内在する不正修正圧力の低減 悪しき組織習慣の徹底 「外の目」導入（組織改編／異動等） 組織トップの明確な意思表示 従業員告発による組織文化抑制刷新	ルール遵守への支援 運用実態にあったルール制定 違反を防ぐ仕組み導入 ルールの啓発 違反ペナルティ制定・運用徹底
ツールのコントロール	合鍵不能システム導入 携帯電話・ネット・PC・記憶媒体制限 コピー・FAX・プリンタ管理実施 メール管理・アップロード管理	組織による系統的モニタリング 総合的内部統制担当部署設置 独立した内部情報収集窓口設置 システムによるチェック・監査実施 定期・不定期監査の並行実施	対象の低価値化 盗品の流通性低減手段導入 情報暗号化／時限管理「DRM」 繰引金を小型化利用 盗品の製品番号公開と届出	模倣犯罪の抑制 小さな不正を許さず姿勢維持 「倫理意識」向上の徹底 事件発生時の顛末公表 新規類似犯罪対応ポリシー公表	依存症への対応 私生活の観察 生活習慣改善の支援 外部専門家相談ルート提供 解決不能時対応手段の留保

設管理者の利用，10. 公共監視の強化，に細分化している。

　　対策として，①コールセンター／ヘルプデスクなどの設計に CPTED の考えを導入，②写真つき社員証の常時携帯，③グループ ID の禁止，④侵入検知システムの導入，などが考えられる。

(3)　犯罪報酬の減少（Reduce the Rewards）

　　犯罪が割に合わなければ，犯行を防げる。ここでは，11. 犯罪対象物の隠蔽，12. 犯罪対象物の排除，13. 所有者の明確化，14. 裏市場をなくす，15. 犯罪利益をなくす，に細分化している。

　　対策として，①重要情報の限定提供，②車上荒らし対応，③廃棄 PC ディスクの破壊，④不要個人情報の破棄，⑤電子署名／電子透かしなどの利用，⑥ユーザ ID の個人配布，⑦裏情報／オークションサイト情報の確認，などがある。

(4)　犯罪誘因の減少（Reduce Provocations）

　　犯罪を行う気持ちにさせないことで犯罪予防を図り，16. フラストレーション／ストレスの削減，17. 紛争の回避，18. 感情の高まりの削減，19. 仲間からの圧力の無力化，20. 模倣犯罪の抑止，に細分化している。

　　対策としては，①適切な人事管理，②フィルタリングの導入，③正しさを追求する組織風土，④スクリーンセーバーなどでの周知，⑤ヒヤリハット，インシデント対応（割れ窓理論），⑥インシデント根本原因分析，などが考えられる。

(5)　犯罪弁明の排除（Remove Excuses）

　　犯罪理由を正当化させない。とくに「俗人風土」的組織では，会社ぐるみの不正が発生する可能性があり，それを防止する。21. ルールの設定，22. 指示標識の提示，23. 良心への警告，24. 法令遵守への支援，25. 薬物／酒の統制，に細分化している。

　　この対策では，①セキュリティポリシーの策定，②社内規定／セキュリティポリシーの教育・周知，③関係者への機密保持契約の締結，④ポスター／画面バナーなどの活用，⑤情報の重要度設定，⑥無権限者へシ

　ステムによる注意喚起，⑦送信メールの管理者コピー，⑧法令順守教育・周知，などが考えられる。

　状況別犯罪防止論の5グループレベルでの展開については，さまざまなセキュリティ分野でも十分対応可能であることがわかる。

　内田は，状況別犯罪防止論とISMS（情報セキュリティマネジメントシステム）のマッピングで，リアル空間での犯罪防止論をリアル・バーチャル空間の情報セキュリティに拡張している[6]。

表6.4　状況別犯罪防止論とISMS（情報セキュリティマネジメントシステム）の
　　　　マッピング
　　　　（情報セキュリティ心理学の体系化を目指して：内田勝也）

状況的犯罪防止論とISMSのマッピング	犯罪予防策の増強	犯罪へのリスクを高める	犯罪報酬の減少	犯罪誘因の減少	犯罪弁明の排除
セキュリティ基本方針					●
情報セキュリティのための組織					●
資産の管理			●		
人的資源のセキュリティ				●	
物理的および環境的セキュリティ	●	●			
通信および運用管理	●	●			
アクセス制御	●		●		
情報システムの取得，開発・保守					●
情報セキュリティインシデント管理	●				
事業継続管理		●			
順守					●

6.4　組織管理的対策

　犯罪機会論や状況別犯罪防止論のような，個人に着目した心理学の応用による不正防止の方法論以外に，組織文化を醸成することにより組織として内部の

表 6.5　組織管理（教育）的対策–職業ライフサイクル，組織論的観点からの
　　　　内部不正／ミス抑制手法
　　　　（セキュリティ実現の原点からみた内部要因事故抑制手法：甘利康文）

募集と就職時 （的確人材雇用と教化開始）	就職後数か月〜 （組織文化の定着）	在職中 （ミス／重圧，誘惑対応・ES 向上）	重要ポスト移動時 （職責再確認・職権乱用抑制）	退職時 （リスクを残さない）
募集時の組織理念の表示	入社後研修／OJT実施	技術による未然防止と早期対処	上位職者への責任自覚推進	迅速処理の実施
採用時選考	プロ意識の醸成	不正巻き込まれリスクへの対応	コンプライアンスの再徹底	情報セキュリティ対策
採用決定時と就職時の手続き	将来目標の意識付け	健全私生活の支援（金銭面）	監視機能の充実	貸与物の回収
採用時研修	適切な評価と指導	健全私生活の支援（非金銭面）	複数確認体制と不正リスク管理制度	コンプライアンス対応
ルールの指導	相談窓口の用意	モラル管理	マスメディアへの対応	退職時の関係維持

不正を抑制できるとする考え方もある。おそらくこの両方の方法が必要なのであろう。表 6.5 には，甘利らがまとめたライフサイクル，組織論的観点からの内部不正／ミス抑制手法を示すが，入社から退職までの期間を 5 つのフェーズに分け，それぞれのレベルに応じた抑止策をまとめている[7]。

6.5　セキュリティ教育とその評価

教育・訓練には以下のようなものがあると考えられる[8]。

- 手順を（無意識の行動として行うために）記憶する
- 可能な限り本質や背景にあるものを説明することにより，長く記憶に留める
- 根本原因分析を行うことにより，疑似体験ができるような環境を構築する
- ケーススタディやプレゼンテーションにより，一人で考えるだけでなく，全員参加の環境で教育を行う

　セキュリティ教育の実践とその効果の評価においては，以下のようなことがわかりつつある[9]。すなわち，

- 説得的なコミュニケーションだけでは態度の変容は難しい
- 態度の習得には時間がかかる
- 態度の学習は，知識，理解，技能などの要素が含まれる
- 双方向性のある学習形態が有効である
- 真正な評価が必要だが難しい

　教育・研修における評価・効果測定では，カークパトリック（Donald L. Kirkpatrick）の 4 段階評価が有名であり，米国では約 7 割近くの企業が採用し，日本でもかなり普及しているモデルである[10]。これは，表 6.6 に示すように教育研修評価を 4 段階，すなわち，① Reaction（研修満足度），② Learning（学習到達度），③ Behavior（行動変容度），④ Results（成果達成度）に分けて評価を行っている。

　前述したソーシャルエンジニアリング攻撃などを考えると，情報セキュリティ教育も「レベル 3：行動変容」を起こすことができる程度の教育・訓練を考える必要がある。

　なお，ジャック・フィリップス（Jack J. Phillips）は，カークパトリックの 4 段階評価に 5 段階目を追加した[10]。レベル 5 として，「投資収益率」（効果を収益に換算し，収益を教育研修への投資額と比較して大きければ有意義と判断する）を定義し，さらに以下の 2 つに細分化している。

表 6.6　カークパトリックの 4 段階評価

レベル	説明
①　Reaction（研修満足度）	受講直後のアンケート調査などによる受講者の研修に対する満足度の評価
②　Learning（学習到達度）	筆記試験やレポートなどによる受講者の学習到達度の評価
③　Behavior（行動変容度）	受講者自身へのインタビューや他者評価による行動変容の評価
④　Results（成果達成度）	研修受講による受講者や職場の業績向上度合いの評価

- レベル 5A：収益貢献度 ＝ その成果を収益金額に換算
- レベル 5B：顧客満足度 ＝ 顧客の満足に与えた成果

6.6　将来の方向性

　情報セキュリティを中心としたセキュリティ問題は，本来的に学際的・総合的な学問分野であるといえるが，その対象が「人間」までに拡大し，「人間」が不可欠な要素であることが明確になってきたことで，心理学的なアプローチが重要になってきている。その意味で，心理学分野の研究者が数多くこの分野の研究を行って欲しいと考えているが，まだまだそのような取り組みは少なく，今後の課題である。

　一方，電気学会の「セキュリティ心理学協同研究委員会」はセキュリティ分野の研究を心理学的見地から行っており，心理学の専門家とセキュリティの専門家から構成されている。「セキュリティの心理学」では，心理学分野の専門家とセキュリティ分野の専門家の協働による研究が非常に有効な効果を出すことができると考えている。今後，セキュリティ分野において，より多くの協働体制が創出され協働研究が行われることに期待したい。

　プロファイリングという言葉から，直ちに「犯罪者プロファイリング」という言葉を連想するように，「4.3　情報セキュリティ犯罪のプロファイリング」でセキュリティ分野でも内外で犯罪者プロファイリング的なことが行われていることを述べた。しかし，国内では研究者がセキュリティ犯罪者のプロファイルを収集することは困難な面もあり，警察関係者などの法執行機関などでの研究を期待したい。セキュリティを考える場合には，企業・団体の重要情報を扱う必要があるため，適切な要員であるかについてなんらかの対応が必要であろう。

　4.2.10 項にも述べたが，さまざまな犯罪理論，そしてセキュリティ犯罪との関連について示してきたが，セキュリティ犯罪という概念が犯罪学，犯罪心理学の中では新しい概念であるため，現状ではこれらの犯罪と各種理論の関連，

セキュリティ犯罪の理解や防犯のためにどの理論が有効なのか，また，利用可能なのかについては明らかになっていないのが現状である。まさに「セキュリティの心理学」を確立するためにも，各分野の協力による今後の研究が期待されるところである。

【参考文献】
[1] （一社）日本原子力学会 2017 年秋の大会：IoT におけるセキュリティ管理／セキュリティ心理学，企画セッション【1P_PL03】，2017 年 9 月 13 日（水）
[2] 電気学会 全国大会，情報セキュリティ心理学，情報セキュリティ心理学の課題と対策，2017 年 3 月 16 日（木）
[3] 小宮信夫：犯罪は「この場所」で起こる，光文社新書，2005 年
[4] 第 2 次さいたま市 防犯のまちづくり推進計画，さいたま市，平成 26 年 3 月
[5] B. Cornish, and V. Clarke：Twenty-five Techniques of Situational Crime Prevention, 2003, http://www.popcenter.org/library/crimeprevention/volume_16/OpportunitiesPrecipitators.pdf
[6] 内田勝也：情報セキュリティ心理学の体系化を目指して
[7] 甘利康文：セキュリティ実現の原点からみた内部要因事故抑制手法
[8] 内田勝也：情報セキュリティ教育を支援する心理学の援用
[9] 藤原康宏：倫理教育の教授設計，電気学会 情報セキュリティ心理学調査専門委員会，2015 年 11 月
[10] （独）雇用・能力開発機構：公共能力開発施設の行う訓練効果測定，http://www.tetras.uitec.ehdo.go.jp/download/kankoubutu/a-114-07.pdf

おわりに

　巨大複雑システムにおいて，技術の巨大化・複雑化と高度化に伴い，安全・セキュリティ問題がハードウェアから人間そして組織の問題へと，次第に社会化する現象があらゆる技術分野で発生している。とくにセキュリティ分野では，安全問題に比べ，加害者の行動が重要な課題となることが特徴的である。IoTシステムのセキュリティ分野を中心に，人間のもつ本質的な弱さを利用してその人をある行動へと誘導するソーシャルエンジニアリングとその対策立案も最近の研究テーマとして検討が始まった。

　プラントや輸送システムにおけるヒューマンファクタについての研究の歴史は長く，人間工学，行動認知学，認知心理学など多方面から研究がなされており，近年は，情報セキュリティ分野においても，ゲーム理論やインセンティブメカニズムなどの心理学や経済学知見を活用する動きがある。しかし，人に由来する主観の問題を扱うため，活用の困難さも指摘されている。また，システムのリスク管理の観点からは，人の心理や行動に由来するリスクを低減するだけでなく，リスクの変化を制御して，システム全体のパフォーマンスの変動を抑制するなど，復元性（レジリエンス）の高いシステムの実現が期待されている。

　安全やセキュリティの達成のために，人々の価値観・倫理観や行動様式（安全文化）だけでなく，社会的受容や事故の社会・環境への影響も，考慮することが不可欠になりつつある。その一方，リスクを含まない科学技術はないが，リスクを上回る効用があるからこれまで受け入れられてきたことも事実である。そのためにも，安全問題とセキュリティ問題を統一的に扱うことができる安全学の体系化の早急な確立が望まれる。

　「セキュリティの心理学」とは，IoTシステムのセキュリティのみならず，

あらゆる分野に共通のセキュリティの課題に対し，ハードやソフトの技術的な側面だけではなく，人間的／心理的な側面からも考察し，システムのセキュリティを総合的に確保することを目的とする学問分野である。

本書では，製造業分野，情報通信産業分野などの IoT システムにおける「セキュリティの心理学」の活用性や研究開発の方向性を明確化するために，利用者や不正行為者の心理的，行動的な観点を考慮したセキュリティにかかわる課題と技術を調査・検討した内容を示した。またこれにより，セキュリティの心理学とは何かについて現状の理解の程度などを整理し，IoT システムにかかわる多くの人にセキュリティ心理学の重要性を啓蒙し，その内容を自分の知識として活用できるレベルまで向上させることを目指した。これらの活動により，セキュリティ関係者が技術対策のみでなく心理学的な対策を含めた総合的なセキュリティ対策を講ずることができるように支援することが目標である。

なお本書は，セキュリティ全般を対象とした「セキュリティの心理学」の確立と普及を目指すものである[1][2]。情報セキュリティ大学院大学の内田勝也先生と兵庫医科大学の藤原康宏先生，また京都教育大学の日野春ちせ様には，情報提供や委員会における議論など多大なお世話になりました。ここに記してお礼を申し上げます。

【参考文献】
[1] 氏田博士：情報セキュリティ心理学の体系化－安全とセキュリティの関係，平成 29 年電気学会全国大会シンポジウム，S6-1，富山大学，平成 29 年 3 月
[2] 内田勝也：情報セキュリティ心理学の課題と対策，平成 29 年電気学会全国大会シンポジウム，S6-5，富山大学，平成 29 年 3 月

索　引

【著者】

氏田博士（環境安全学研究所代表）第1章，第5章，第6章
福澤寧子（大阪工業大学教授）第2章
福田　健（清泉女子大学教授）第3章
越智啓太（法政大学教授）第4章

ISBN978-4-303-72930-1

セキュリティの心理学―組織・人間・技術のマネジメント

2019年11月20日　初版発行　　　　　　　ⓒ H.UJITA / Y.FUKUZAWA /
　　　　　　　　　　　　　　　　　　　　　　T.FUKUDA / K.OCHI 2019

著　者　氏田博士・福澤寧子・福田健・越智啓太　　　　　検印省略
発行者　岡田雄希
発行所　海文堂出版株式会社

　　　　　本　社　東京都文京区水道2-5-4（〒112-0005）
　　　　　　　　　電話 03（3815）3291㈹　FAX 03（3815）3953
　　　　　　　　　http://www.kaibundo.jp/
　　　　　支　社　神戸市中央区元町通3-5-10（〒650-0022）
日本書籍出版協会会員・工学書協会会員・自然科学書協会会員

PRINTED IN JAPAN　　　　　　　　印刷　東光整版印刷／製本　誠製本